商业模式创新丛书

商业模式及其
对企业绩效影响的研究
——基于商业生态系统视角

Research on the Business Model and
Its Effects on Enterprise Performance
from the Perspective of Business Ecosystem

周 湧 汪寿阳 乔 晗 著

科 学 出 版 社
北 京

内 容 简 介

本书基于商业生态系统视角，结合国内外研究现状、资源基础理论及商业生态系统理论，采用定性与定量相结合的方法，构建商业生态系统视角下商业模式分析框架，并通过结构方程对商业模式与企业绩效的影响机理进行研究，采用回归分析研究协调能力在商业模式与企业绩效之间的调节作用，运用动力学从系统的角度研究商业模式及协调能力对企业绩效的影响，进而为企业设计商业模式提出相关策略建议。

本书适合企业经营管理人员、从事企业经营管理的研究人员阅读与参考。

图书在版编目（CIP）数据

商业模式及其对企业绩效影响的研究：基于商业生态系统视角 / 周湧，汪寿阳，乔晗著. — 北京：科学出版社，2023.6
（商业模式创新丛书）
ISBN 978-7-03-075721-0

Ⅰ. ①商… Ⅱ. ①周… ②汪… ③乔… Ⅲ. ①商业模式 – 影响 – 企业绩效 – 研究 Ⅳ. ①F71②F272.5

中国国家版本馆 CIP 数据核字（2023）第 099148 号

责任编辑：陶　璇 / 责任校对：贾娜娜
责任印制：张　伟 / 封面设计：无极书装

科 学 出 版 社 出版
北京东黄城根北街 16 号
邮政编码：100717
http://www.sciencep.com
北京建宏印刷有限公司 印刷
科学出版社发行　各地新华书店经销
*
2023 年 6 月第 一 版　开本：720×1000　1/16
2023 年 6 月第一次印刷　印张：10 1/4
字数：202 000
定价：116.00 元

丛书编委会

丛　书　序

我国的改革进行到今天，进一步深化改革要靠创新驱动。创新包括技术创新、管理创新和制度创新，对于企业而言，创新还包括商业模式（business model）创新。党的十八大报告提出实施创新驱动发展战略，其中重要一点是要加强商业模式创新。中国企业发展离不开商业模式和管理模式的变革与创新。企业是市场经济的细胞，是内在动力。中国经济健康发展的前提，就是必须有一批商业模式和管理模式卓越的企业作保障。

什么是商业模式？目前学术界和企业界还没有一个公认的定义。我曾举过一个简单的例子：有一个美国人参加亲属的殡葬处理，他发现殡仪公司利润高得惊人，于是他构思了一个商业网站，自销殡葬用品，既可赚钱，又可以让消费者减少支出。于是，他找到风险投资商，风险投资商说这个商业模式不成立，因为人们是不会上网买棺木的。于是他又再次谋划，构思了一个哀思网站。故人的亲友都可以上网站免费发帖子寄托哀思，这样也方便了远途的亲友，不必再千里迢迢赶去吊唁。网站收入的解决方法如下：由于网站的点击率高，所以网站可以让生产销售殡葬用品的公司发布广告，收取广告费作为利润来源。于是他再找到风险投资商，这个商业模式被风险投资商认可，于是新的企业创办成功。

商业模式与创新息息相关。每个成功的企业，其经营思路和商业模式不尽相同，但是随着市场环境、资金供应情况、竞争对手等一系列环境的变化，企业就必须采取一些措施，引入一些新的事物，包括新的产品、新的技术、新的组织方式、新的管理方式等，从而形成新的商业模式，造成有益的变化，使企业继续生存下去。

当今世界，新一轮科技和产业革命正在蓬勃兴起。大数据与云计算、物联网等新技术相结合一定会对传统的商业模式，甚至是个人的生活方式产生大的影响。如果我们不能积极应对，很可能就会落后。关于商业模式的研究，不仅仅是企业界关心的话题，而且是学术界，包括国际学术界的管理学科前沿方向。"商业模式创新丛书"旨在全面系统地归纳总结当前国内外商业模式研究的发展现状，形成一批优秀的商业模式创新研究案例，提出商业模式研究的新理论、新方法，帮助企业进行商业模式设计与重构，具有重大的理论意义和实践价值。期待"商业模式创新丛书"的出版能助力大众创业、万众创新，促进我国形成一大批商业模式创新上有所突破的创新型企业。

欧亚科学院院士

中国科学院大学管理学院院长　

2015 年春

前　言

管理理论家彼得·德鲁克（Peter Drucker）说过："当今企业之间的竞争，不是产品的竞争，而是商业模式的竞争。"在当今商业时代，商业模式（business model）对企业的重要性不言而喻。与此同时，在全球化背景下，企业所处的商业生态系统越来越复杂，商业模式受外部环境的影响也发生着变化。因此面对新的经济环境，企业需要考虑构建新的且适合自身业务发展的商业模式。许多学者已从多维度对商业模式进行研究，但互联网的普及，使行业边界变得越来越模糊，如何使用企业所在商业生态系统的资源为企业创造价值成为商业模式研究中关注的焦点。因此，从商业生态系统视角对商业模式进行研究有助于扩展商业模式理论，为企业提供实践指导。

本书基于商业生态系统视角，结合国内外研究现状、资源基础理论及商业生态系统理论，采用定性与定量相结合的方法，构建商业生态系统视角下商业模式分析框架，通过结构方程对商业模式与企业绩效的影响机理进行研究，采用回归分析研究协调能力在商业模式与企业绩效之间的调节作用，运用动力学从系统的角度研究商业模式及协调能力对企业绩效的影响，进而为企业设计商业模式提出相关策略建议。本书主要创新工作如下。

（1）基于现有研究及资源基础和商业生态系统理论，通过总结四川航空股份有限公司（以下简称川航）、携程旅行网（以下简称携程网）及怡亚通等企业创新业务的商业模式，认为商业模式关注的核心应该是围绕一项业务的交易结构。以商业生态系统为视角，对商业模式提出以下定义：商业模式是在基于目标企业所构建的商业生态系统中，针对一个业务进行的一系列符合商业逻辑的互利交易，进而实现业务所带来的价值目标。通过案例总结提出商业生态系统下商业模式的分析框架，认为商业模式分析框架应该包含稳定影响者、中间影响者、直接影响者与直接驱动者四大要素，在构建商业生态系统商业模式的分析框架后，设计量表并运用验证性因子分析对该框架进行验证。

（2）采用结构方程方法研究商业生态系统下商业模式对企业绩效的影响机理与影响路径。首先构建商业生态系统下商业模式对企业绩效的影响概念模型并提出一系列假设，就商业生态系统下商业模式对企业绩效概念模型而言，主要分为两部分：第一部分是商业生态系统下商业模式构成要素，主要包括稳定影响者、中间影响者、直接影响者及直接驱动者；第二部分是企业绩效的构成要素，本书中企业绩效分别用企业的市场绩效和财务绩效进行衡量。其次在构建概念模型之后，开发量表并设计调查问卷以获取模型验证数据。最后运用结构方程方法，将构建的商业模式对企业绩效的概念模型进行检验。实证表明，商业模式的中间影响者、直接影响者和直接驱动者对企业绩效有显著影响，但商业模式的稳定影响者对企业的财务绩效影响不明显，对企业的市场绩效有显著影响。此外，企业的市场绩效对企业的财务绩效有显著的正向影响。

（3）采用层次回归法分析协调能力与商业模式的关系。在已有研究基础上对协调能力的构成做出界定并在文献研究的基础上设计协调能力量表，并对量表效度进行检验，根据效度检验结果对量表进行调整，并提出假设；构建检验模型，采用层次回归法对假设进行检验并得出结果。结果表明，稳定影响者对企业绩效的影响普遍不太显著，此外，资源整合能力对财务绩效的影响能力有限。从协调能力对稳定影响者与企业绩效之间的调节作用来看，协调能力会正向促进企业绩效，但不改变稳定影响者本身对绩效的影响。资源整合能力对企业内部组织结构、知识吸收能力等都有较高要求，是企业运营管理能力的重要体现。

（4）运用动力学系统从系统的角度研究商业模式对企业绩效的影响以及特定商业模式下协调能力对企业绩效的影响。构建商业模式对企业绩效影响以及协调能力对企业绩效影响的因果回路图及用于定性分析的存量流量图，得到以下结论：改善中间影响者及直接影响者后，企业绩效会得到显著提高；中间影响者及直接影响者对企业绩效的影响不同，且前者略高于后者。提高企业创新管理能力 1.5 倍后，企业绩效得到显著提高；提高企业资源整合能力 1.5 倍后，企业绩效提高效果微弱；提高企业机会识别能力 1.5 倍后，对企业绩效的提高具有关键作用。对比分析发现，对企业绩效提高最为显著的因素为机会识别能力，说明企业对外部环境的关注及识别能力在商业模式的实施过程中具有重要作用；而企业的资源整合能力对企业绩效的提升作用最小，企业创新管理能力对企业绩效的提升作用处于两者之间。

基于以上研究，本书提出如下策略建议：企业应当强化商业模式各要素联系，推动企业业务价值实现；增强稳定影响者匹配性，提升企业绩效；关注直接影响者，夯实竞争基础；认识协调能力对企业绩效的重要性，提升企业协调能力水平；识别外部环境信息，提升企业绩效。

周　湧

2023 年 3 月于北京

目　　录

第 1 章　绪　　论

1.1　研究背景与意义

▶▶　1.1.1　研究背景

　　一个企业从设立之日起，就自然地融入了相应的商业生态系统中，客户、供应商等，各自在其生态位上构成了相互联系的利益相关者。在全球化背景下，企业所处的商业生态系统变得越来越复杂；企业的价值，需要不断地通过技术创新形成业务，通过商业模式创新开展业务。在新的经济环境下，我们需要建立新的思维方式，构建新的交易结构和治理结构。只要有赚钱的地方，就有商业模式，商业模式已经成为企业家和风险投资家经常讨论的话题，人们相信拥有一个好的商业模式意味着成功了一半。商业模式是企业获取利润的渠道或方法吗？例如，服装公司通过制作服装来赚钱，硬件公司通过加工零部件来赚钱，酒店通过出售服务来赚钱，等等。商业模式是一个经常出现的术语，虽然它最早出现于 20世纪 50 年代，但直到 20 世纪 90 年代才开始被广泛应用和传播。管理理论家彼得·德鲁克表示："当今企业之间的竞争，不是产品的竞争，而是商业模式的竞争。"今天，虽然商业模式经常在业界和学界出现，但它的定义仍然没有一个权威的版本，目前更为一致的定义认为，商业模式是一个概念工具，它包含一系列元素及其关系来澄清业务；它描述了一个公司可以向其客户提供的价值，以及公司的内部结构、合作伙伴网络和关系资本，以实现该价值并产生可持续的利益。

商业模式研究繁荣的背后，有两个驱动力：一个是商业活动的实际需要；另一个是学术界的理论需求。两者的最终目标是帮助企业探索新的经营和发展方式，同时获得和保持竞争优势。在当前的市场竞争中，商业模式正变得越来越重要，依靠引入新的商业模式来保持持续的变革和创新对于企业在快速变化的商业环境中的生存及成长至关重要。沃尔玛（Walmart）、亚马逊（Amazon）和阿里巴巴（Alibaba）等公司因其独特且具有竞争力的商业模式吸引了人们的关注，并已成为各自行业的领导者。在创新创业氛围下的中国，商业模式创新似乎已经成为创业者首选的方向。

商业模式的核心应该是实现商业价值的交易结构。从商业生态系统的角度来看，我们试图将商业模式进行如下定义：商业模式是在基于目标企业所构建的商业生态系统中，针对一个业务进行的一系列符合商业逻辑的非对称交易，进而实现业务所带来的价值目标。商业模式需要支持商业策略和商业计划。商业模式是一个实现销售的交易，它是一个将价值转化为商业的交易过程。商业模式的核心原则是商业模式的内涵和特征，这是对商业模式含义的扩展和丰富，也是一个成功的商业模式必须具备的特征。分析一个公司的商业模式通常是很困难的，因为大多数企业都有不止一个业务。总的来说，面对不同的公司，我们需要对应不同的商业模式，不同的业务关联不同的供应商、消费者和竞争对手，以及内部资源分配的不同强度。

公司能否继续盈利是我们判断其商业模式是否成功的唯一标准，持续盈利能力是评价公司可持续发展的最有效标准。一个成功的商业模式不一定是技术上的突破，而是针对所处商业生态系统的一个或几个特定方面的改变，或者是对原始模式的重组。商业模式是业务战略的核心，是业务计划的基础和依据；商业模式解决的，是"为谁做""做什么""凭什么做""怎么做""能否做久"；商业模式规划的，是业务要素间的逻辑关系。

在商业生态系统中，我们对企业业务的分析需要集中在四个核心要素上，即稳定影响者、中间影响者、直接影响者和直接驱动者。政策、经济、产业和技术环境将影响消费者、供应者、竞争者、投资者等中间影响者的行为，这些影响将通过业务所在的业务生态系统的材料、能源和信息流来进行，导致与业务直接相关的产品开发、生产、服务和迭代功能的部分或全部产生耦合效应；商业生态系统中不同利益相关者的资源整合功能是通过互利交易过程生成的（这些不对称交易流程持续不断发生），并影响企业内部的资源配置，进一步反映在企业的真实价值上，并将这个价值在商业生态系统各利益相关者间实现反馈。可以看出，在商业生态系统中的业务价值转移必须遵循持续不对称的交易过程。一旦这些交易过程被各种因素打乱，它们就会影响基于这一业务的企业在整个商业生态系统的稳定性和演化方向，从而使所有利益相关者根据自己的利益共同维护这些不对称的交易结构。

　　外部环境的变化使得传统行业的边界日益模糊，客户需求的变化缩短了产品的生命周期，增加了市场竞争的程度，增加了企业经营方式变化的复杂性。与过去相比，今天的环境变化不再是渐进的，而是不连续的、突然的甚至是颠覆性的，对现有市场格局、产业结构和价值链的影响，促使企业改变传统的商业惯例和活动。从市场份额竞争到客户价值创造，从要素竞争到制度竞争，从局部竞争到整体竞争，商业模式已成为企业应对瞬息万变的市场环境及获取和保持竞争优势的有效战略工具。在此背景下，企业改变了传统的同质化竞争模式，期待赢得更好的客户服务，积极创造条件，满足业务发展的需求，如果继续停留在工业1.0 的思维模式，企业注定会被"2.0、3.0 和 4.0"的对手所打败。业务模式的迭代升级，新的交易结构和治理结构的重新构建，是商业模式研究不可回避的问题。

　　学者们出于各自的认识与偏好，将商业模式从经济层面、战略层面、运营层面或整合层面分别定义为获取利润的方式、企业的运营结构、创造价值的逻辑或基于要素的工具，在企业管理实践中归于价值的创造。不可回避的是，绝大多数呈现在我们面前的商业模式，依然只是对企业已实现的战略的一种刻画，如何进行商业模式的设计、评价和调整，企业的管理者需要得到答案。

▶▶　**1.1.2　研究意义**

　　在理论层面，本书的意义主要有三个方面。首先，本书基于商业生态系统提出了商业模式的概念，明确了商业模式是对具体业务形成价值所进行的交易结构设计；关注商业生态系统在新常态下要素协同进化的情况，综合考虑稳定影响者、中间影响者、直接影响者和直接驱动者四个要素，构建基于商业生态系统的商业模式动态分析框架，是对现有商业模式理论研究的发展。其次，本书基于构建的商业模式动态分析框架，建立商业模式对企业绩效影响的概念模型，从理论层面分析商业模式各要素对企业绩效的影响机理，是商业模式与企业绩效理论研究的有益补充。最后，在商业模式研究中首次引入协调能力概念，关注协调能力在商业模式与企业绩效之间的调节作用，并且通过仿真研究得出协调能力三种构成要素调节作用的强弱。

在实践层面，研究商业模式的意义在于，能够最大限度地分析市场情形、适应市场竞争、将各个生产要素联系起来，以便达到能力最大化、服务最大化、效益最佳化。本书的实践意义力求表现在以下两个方面：首先，基于提出的商业生态系统视角下的商业模式动态分析框架，实证分析商业模式对企业绩效的影响机理及路径，并分析协调能力在商业模式与企业绩效之间的作用，从而提出策略建议，为企业在市场变化迅速的今天提供借鉴建议；其次，在一定程度上帮助企业通过自身商业模式的策略反应和优化，相应减少失误与错误定位，以期获得商业先机，为赢得成功奠定基础。

1.2　国内外研究现状

▶▶　1.2.1　商业模式与企业绩效研究的现状

学者对商业模式与企业绩效关系的研究，主要集中在两个方面：一是从不同角度分析不同商业模式对企业绩效的影响，在这里，业务模型本身被看作具有各种元素的系统，要素与要素之间的组合对公司绩效指标有不同的影响；二是它侧重于研究商业模式创新如何帮助企业从新技术和新环境中获得价值，从而提高企业绩效（何耀琴，2011），通常涉

及技术创新和面向企业的内容。

国内外的研究表明，商业模式对企业绩效有显著的影响，适合企业发展的商业模式是提高企业绩效或竞争优势的源泉之一，商业模式的创新可能会带来企业绩效的提升。Amit 和 Zott（2001）分析了美国和欧洲 59 家上市电子商务公司的价值创造过程，并指出电子商务公司的价值创造超过了企业价值链的界限，跨境业务的建立、相同的客户、供应业务和与合作伙伴相关的交易结构创造了新的价值；基于这一概念的商业模式的要素包括创新、效率、互补性和锁定，企业的业务模式直接影响着企业的价值创造效率。Weill 等（2004）选择了美国 1 000 家最大的上市公司（基于总收入），根据公司的交易能力、转型水平和核心资产等，将业务模式分为 16 个种类，将 Tobin's Q、ROIC（return on invested capital，投入资本回报率）等财务指标用于衡量企业绩效，并对商业模式和企业财务绩效之间的关系进行了实证分析，结果表明，在衡量企业财务绩效时，商业模式优于行业分类，一些商业模式确实优于其他商业模式。同样，Weill 等（2004）分析了商业模式对企业财务绩效的影响。根据业务模式的不同，他们选择了 Tobin's Q 和净资产收益率等 6 个绩效指标，利用从 1998 年到 2002 年美国所有上市公司的数据，分析了商业模式对公司财务绩效的影响；研究结果表明，一些商业模式在财务表现上优于其他商业模式，换句话说，不同的商业模式对不同企业的财务绩效有不同的影响，企业应该选择正确的商业模式。王旭（2017）将商业模式与"价值创造环节"和"价值提供形式"从维度上区分开来，将业务模型的类型作为一个虚拟的独立变量，企业的价值创造是由其盈利能力和偿还能力所决定的，将容量和增长能力的性能指标作为因变量，通过逐步回归方法研究业务模型类型与企业绩效之间的关系；"物理生产者"模型对大多数与回归有显著关系的企业绩效指标有影响，商业模式的类型对主营业务盈利能力和固定资产周转率有较大的影响。Teece（2009）完善了商业模式的定义，并探讨其与企业战略、创新管理和经济理论的联系。王翔等（2010）基于文献研究构建了一个多维、均衡、定量的商业模型分类体系，选取了 2008 年我国有色金属上市企业的统计样本，使用方差分析，得出商业模式确实导致了企业之间显著的绩效差异；首先是不同类型的性能指标有不同的效果，商业模式对盈利能力的影响最大，其次是企业的增长和市场价值对运营效率的影响最小。张晓玲等（2012）系统地分析了业务模型组件之间的交互作用，列出了以下关键要素：产品、关键资源、关键流程、成本结构和收益模型；建立了业务模型组件匹配对业务绩效影响的实证模型，并提出了业务模型因素匹配对业务绩效影响的理论假设；利用创业板和中小板上市的214家公司的数据，进而得出一个高度一致的业务模型的组成部分可以促进业务增长、提高盈利能力、提高竞争地位。王翔等（2015）进一步分析了业务模型的结构，将业务模型划分为客户价值主张、业务活动系统和盈利能力；此外，利用2009~2011年在创业板上市的281家公司首次公开发行时的样本数据，使用 SPSS 软件，对客户价值主张、业务活动系统、盈利能力及它们之间的相互耦合对企业营利性、增长性、效率性和市场价值的影响进行层次回归分析，解释了业务模型对业务性能影响的复杂机制。分析结果表明，业务模型的各个组件之间的耦合对企业性能的影响大于每个组件的结构。在商业模式的构成中，客户价值主张对企业绩效的影响最为显著。此外，商业模式对企业绩效的影响不对称，对盈利指标和增长指标影响最大。上述关系研究主要还是在定性识别阶段，主要体现在企业绩效指标上，未能解释商业模式与企业绩效之间的整体关系。王娜（2015）利用价值网络作为数字服务行业价值创造的组织模式，探讨了商业模式与企业绩效之间的关系，在分析新经济环境下商业模式要素的基础上，构建了一个分析框架模型；通过分析价值网络管理对业务模型维度的影响，描述了业务模型与业务绩效之间的关系，并推导出网络和市场策略、价值主题与回归模型（如市场管理的价值网络）。其结论在于，采用成本领先竞争战略的企业，应用以等级关系和关系管理为特征的价值网络是最合适的；运用差异化竞争战略的企业，应用以关系管理为特征的价值网络最适合提供个性化服务；应用以市场管理和分级管理为特征的价值网络，最适合提供一般服务的企业。

自20世纪90年代以来，越来越多的学者逐渐达成共识，主张商业模式创新是提高企业绩效的关键因素之一，这方面通常侧重于在业务模型和企业绩效之间添加变量，并研究和分析其创新机制。Chesbrough 和 Rosenbloom（2002）讨论了以现金支出形式变革为核心的商业模式创新，是如何帮助施乐公司及其子公司获得新技术所带来的企业价值的。与此同时，商业模式被用作一种"认知地图"，依据价值判断对企业经营信息进行过滤，进而对企业的经济行为产生影响。其他持相似观点的作者是 Bouchikhi 和 Kimberly（2003），他们把"认知地图"称为"认知陷阱"。

Sheehan 和 Stabell（2013）认为不同的组织发现新的商业模式的过程是不同的，知识密集型企业需要更多的特殊工具来发现新的商业模式；只有克服这些障碍，企业才能成功地创新自己的商业模式，从而实现业绩的提升。其中，被研究最多的是商业模式创新、技术创新和企业绩效之间的关系。胡保亮（2012）以58家上市企业为样本，针对商业模式创新和企业绩效，以及技术创新与企业绩效之间的关系，探讨了商业模式创新与技术创新的关系；研究结果表明，商业模式创新对企业收入增长有显著的正向影响，技术创新对企业利润增长有显著的正向影响，商业模式创新和技术创新是互补关系，对企业绩效（收入增长、利润增长）有显著的正向效应。胡保亮（2015）提出了商业模式、创新对偶性和企业绩效之间关系的研究假设，并通过层次回归分析对173家制造业企业的问卷调查数据进行了应用，对这些假设进行了实证分析。研究结果表明：第一，以效率为中心的商业模式设计和以创新为中心的商业模式设计对创新的二元性有显著的正向影响；第二，创新的二元性对企业绩效有显著积极的影响；第三，创新的二元性在以效率为中心的商业模式设计和以创新为中心的商业模式设计对企业绩效的影响中起着中介作用。张晓玲等（2017）对江苏、浙江的 290 家中小企业进行了数据分析后发现，中小企业商业模式价值的共同创造和创新对其绩效有显著的正向影响，商业模式的独特性在价值创造、创新和企业绩效方面发挥着重要作用。

"商业模式创新是否会不可避免地导致企业绩效的提高"这一问题，引发了对创新时机的分析。刘刚等（2017）提出的新兴电商模式和 O2O（online to offline，线上到线下）商业模式的实践表明，并非所有的商业模式创新都能提高经营绩效；基于资源的视角，作者考察了企业资源和商业模式创新对企业绩效的时间和强度的影响，并期望解释商业模式创新对商业实践的不同影响。研究发现：第一，商业模式的第一次创新和创新强度对公司资源与绩效的影响具有一定的中介效应；第二，企业资源水平的差异和抢占式创新与创新水平的差异，两者都可能导致业务模式创新的性能差异；第三，需要衡量商业模式创新的时间和强度，充分考虑自身的资源储备和配置能力；第四，有资源的企业可以采取先发制人的战略，而资源匮乏的企业，盲目进行创新是不可取的。

▶▶　1.2.2　商业模式与动态能力研究的现状

随着全球一体化进程的加剧，企业所在的市场和行业环境往往是复杂的、动态的及不确定的。全球化和技术变革为竞争提供了更多的激励，市场变得更加复杂和不可预测，丰富信息的获取使得企业能够更快地感知和应对竞争对手。与此同时，随着商业环境越来越开放和复杂，企业的发展也越来越受到外部环境和相关企业的影响，互联方法也从几乎线性变化到更复杂的非线性网络关系。系统中复杂的企业关系要求企业建立良好的商业模式，并快速、可靠地应对市场变化（扬西蒂和莱维恩，2006）。因此，当企业面对环境的变化时，它们必须反复地对当前业务模式的优点和缺点进行及时评估，并避免成为跟不上商业环境变化的模仿者。

随着现代商业环境的快速变化，企业正在不断重塑着它们的商业模式，从而实现产业升级或开始跨越式发展，商业模式创新的学术研究也成为学科、创新、营销等学科的共同关注点。虽然现有的研究对商业模式的定义没有达成共识，但大多数学者认为商业模式是一种系统的、综合的方法，用来解释企业如何运作以及如何创造价值。在开放式创新理论的背景下，商业模式被认为是实现价值创造连接技术和客户价值主张的机制，即企业资源投入与市场产出之间的理想关系。商业模式从来不是固定不变的，它一定要以一种动态调整机制来适应不断变化的技术和市场条件。

对商业模式创新的理解也有不同的视角。Schlegelmilch 等（2003）从改变现有业务和竞争规则的角度，考虑了企业将现有的业务和管理模式重新构建，从而不断保持竞争优势。Chesbrough（2006）专注于企业技术创新，认为商业模式创新是在技术创新的基础上，对商业模式和市场规则的重新定义。Aspara 等（2010）将商业模式创新定义为一个持续创造客户价值并满足客户潜在需求的动作，要根据市场结构进行营销创新，如开发新渠道、建立新业务系统或改变市场规则等。虽然上述观点在对商业模式创新的明确定义上还没有达成一致，但已经形成了一个共识：商业模式创新可以为企业带来更高的绩效水平。

商业模式创新的理论视角呈现多样性。通过文献回顾，我们发现五种理论是最具代表性的。第一种是交易成本理论，其认为商业模式创新可以通过创新的交易渠道降低交易成本和风险，提高交易效率，进而创造价值；第二种资源配置理论强调资源和能力是企业竞争优势的源泉，商业模式创新是市场机会的反映，它创造性地分配资源，帮助企业更好地建立和发挥竞争优势；第三种是动态能力理论，其认为企业可以通过持续集成和重新配置其功能来响应环境中的动态变化，在一个复杂而快速变化的环境中，动态能力可以帮助企业识别、抓住市场机会并推动创新；第四种是资源依赖理论，主要分析了企业如何通过并购、联盟、游说或治理来减少对外部环境的依赖，企业的商业模式创新显然需要外部资源的支持；第五种是价值链理论，其认为商业模式创新的目的是为企业、股东、客户和合作伙伴创造更多价值，基于这一理论，商业模式创新是优化企业价值活动选择、创新核心价值活动、优化整合的过程。

目前，有许多学者基于动态能力理论，从动态能力的不同维度出发，分析了商业模式创新的理论模型、影响因素及对企业绩效的影响。庞长伟等（2015）以国内 319 家企业为样本，使用线性回归统计检验理论假设，分析了商业模式创新的中介影响集成功能和业务性能，揭示了企业集成功能的内部机制和商业模式创新，促进企业绩效改进；研究结果表明，集成能力和商业模式的创新对企业绩效有积极的影响。同时，整合能力与企业绩效之间存在一定的中介机制，通过组织改进和价值创造效率来改进集成，商业模式创新是中间环节，企业整合能力的提升，更有利于商业模式创新的发展，从而促进企业绩效的提升，创新能力与商业模式创新相结合，对中国企业发展商业模式创新具有重要的现实意义。曾萍等（2016）基于企业性质和高科技企业的研究视角，建立了动态能力与商业模式创新的关系，并以广东企业为研究对象进行了实证检验；结果表明，在政府的支持下，企业可以通过动态能力直接或间接地促进商业模式创新，动态能力在政府支持和企业商业模式创新之间发挥着部分中介作用；与国有企业相比，民营企业可以更有效地利用政府支持来促进商业模式创新；与非高科技企业相比，高科技企业可以更有效地利用政府支持来促进商业模式创新。周飞和孙锐（2016）从企业动态能力的角度研究了市场知识的跨境搜索与商业模式创新之间的关系，实证结果表明，技术知识的跨境搜索对商业模式创新具有显著的正向影响，市场知识的跨境搜索对商业模式创新具有倒 U 形效应；动态能力可以正向调节这一关系，但对技术知识和商业模式创新的跨境搜索的调整效果并不显著。

营销动态能力是营销职能领域的一种具体形式的动态能力。通过对企业市场资源的创造性重构和配置，促进企业对市场需求的快速有效响应，以获取和保持竞争优势。李巍和丁超（2017）发现，营销动态在新商业模式创新与市场效率的关系中具有积极的调节作用，营销能力是企业差异化营销绩效的重要决定因素，资源和技能的整合及动态核心营销能力在提高市场效率方面发挥着重要作用；随着市场的不确定性和竞争强度的不断提高，企业在营销职能中的组织能力日益削弱，难以建立和保持市场竞争优势；企业的营销能力必须从静态到动态，以适应不断变化的市场环境和客户需求。

市场环境与商业模式创新密切相关，商业模式的转型调整是为了适应市场环境的动态变化。当然，现有的相关研究还远远谈不上深入和完善。首先，较少有研究专门讨论市场环境与商业模式创新之间的关系，特别是实证研究非常缺乏；其次，对市场环境的了解不够深入，大多数研究只描述了市场环境对商业模式创新的整体影响，但缺乏具体而深入的探索；最后，理论框架还不够清晰，商业模式创新是一个广泛应用的概念，如何解释环境与商业模式创新之间的关系是一个复杂且需要解决的问题。为了阐明环境在商业模式创新中的驱动作用，郭海和沈睿（2012）基于交易成本和动态理论，讨论了市场环境特征对企业商业模式创新的影响。蔡俊亚和党兴华（2016）试图找出能够有效提高商业模式创新能力的学习方法，并确定商业模式创新中动态能力的机制，研究分析了非工业学习和行业学习对商业模式创新的不同影响，探讨了企业内部重组能力和联盟管理能力的调节作用；研究发现，在行业之外学习的过程中，学习在行业中逐渐削弱了商业模式的新鲜感，而联盟管理能力和内部重构能力增强了这两种学习的有效性。孙连才和王宗军（2011）基于动态能力理论，分析企业生态系统给企业竞争带来的变化，提出了基于企业动态能力理论的企业业务模型指标体系和评价模型；结合指标体系，进一步探讨了企业在复杂多变的商业生态系统下应该具备的能力和改进策略，并最终根据6个维度和16个二级指标设计指标体系。朱凯霞（2015）将动态能力划分为市场意识、创新、学习和动态整合4个维度，借以识别企业外部环境、内部组织创新能力和组织知识的变化，以及企业内部和外部资源的动态能力；研究发现，市场意识、创新和变化能力、动态集成和学习能力对商业模式创新具有积极的影响。商业模式创新不是一次性事件，商业模式创新的结果也不是永久性的，因此，为了在激烈的市场环境中保持竞争优势，企业必须不断创新商业模式。企业应注重动态能力的发展，随时感知市场环境，了解企业所在行业的发展和运行规律，预见行业技术变化，积极了解与企业密切相关的政策，观察客户偏好以及客户、供应商和其他利益相关者的变化，强化沟通以提高组织的市场意识。

胡楠和王小峰（2013）以互联网企业为例，从商业模式创新的角度研究企业动态能力的发展；互联网公司动态能力的三个最关键的维度是创造力、动态能力和集成能力，这三个维度相互依存、相互关联、相互制约，每个维度都强调动态能力的关键方面。在市场意识能力的发展之后，企业发现市场机会的能力得到增强，促使企业发现消费者的深层次需求，从而增强其核心竞争力，实现商业模式创新。通过一定程度的发展，整合能力将提高企业选择合作伙伴的能力，并与之保持合作关系。胡海波等（2017）使用动态能力理论，对建筑设计领域使用众包平台作为运营网络的模式进行研究，分析背后的共享经济逻辑；通过研究发现，企业的商业生态系统模型经历了"杠铃型"和"共生型"的演化过程，形成了外部驱动的客户价值触发器—信息共享—组织内部的相互作用，以及内部驱动的企业战略执行—价值创造—两个组织之间协作的进化路径；该研究不仅完善了动态功能和商业生态系统模型等相关理论体系，而且对国内平台型企业利用商业生态系统模型获取竞争优势具有积极的意义。

▶▶ 1.2.3　动态能力与企业绩效研究的现状

Teece 等（1997）认为，企业动态能力是企业的高层次能力，通过建立、整合和重新配置能力/资源来获得与环境相匹配的竞争优势，从而使其能够对环境变化做出反应。研究企业动态能力的其他学者，Winter（2003）、Eisenhardt 和 Martin（2015）认为，企业动态能力的形成，依赖于对过去经验和知识的有效管理，这源于组织学习过程。Daniel 和 Wilson（2003）通过研究企业在电子商务转型环境中的动态能力，发现企业的动态能力具有一定的共性。Wheeler（2002）也认为，企业的动态能力可以通过各种学习方法获得，这是不同企业甚至不同行业的共同特征；企业动态能力所产生的绩效差异，往往会因为这种组织学习能力的存在而减少甚至消失。此外，Newbert（2005）通过实证研究发现，资源的"稀缺"和"有价值"对企业业绩有着非常显著的积极和决定性的影响。Wiklund 和 Shepherd（2003）也通过实证研究发现，"知识资源"是企业获得良好组织绩效的重要支撑。这些研究结果直接为"资源是企业竞争优势的源泉"（Barney，1991）的观点提供了支持，从而为人们讨论企业获取竞争优势的动态能力，提供了重要的依据。

Zott 和 Amit（2007）运用计算机模拟方法，从理论上推导和分析了企业动态能力与绩效之间的关系；他们认为，即使是在同一行业，由于企业的动态能力差异，企业的业绩也会大不相同。Darnall 和 Edwards（2006）、Moliterno 和 Wiersema（2007）从资源分布的角度，分析并验证了企业动态剥离资产对企业业绩和环境变化的竞争优势的影响，发现这种动态资产剥离能力，对竞争优势和组织绩效有显著的正向影响。Helfat（1997）对美国石油行业的案例进行研究，考察了动态技术研发能力在加速企业适应外部环境变化方面的作用，进一步支持了 Teece 的观点。与对资源概念的研究相对应地，一些学者直接考察了企业能力对企业绩效和竞争优势的影响。Darnal 和 Edwards（2006）发现，企业适应环境监管政策变化的能力对适应环境变化的绩效和竞争优势有积极的影响。Dyer 和 Hatch（2006）对美国和日本汽车制造商如何使用同一供应商创造竞争优势进行了定量实证研究；他们发现，由于组织网络的局限性和严格的生产过程的约束，知识学习的能力可能形成一种与网络关系密切相关的潜力，这种潜力将使美国和日本的组织能够共享同一供应商网络。

根据资源基础理论，企业资源和能力的异质性是实现高绩效的关键。然而，Gu 等（2008）、张晓军等（2010）和董保宝等（2011）表明，随着商业环境的变化，企业所建立的资源和能力的基础已经不再适应新的环境，由于其惯性，还可能会阻碍公司的发展。Wang 和 Ahmed（2007）指出，其他竞争对手可以通过认知周围的环境和机遇，在全面学习后，通过有效集成的企业资源与能力，重建与商业环境相匹配的资源能力框架，实现良好的企业业绩。曾萍和宋铁波（2011）在研究中认为，企业的动态能力可以重构企业的资源，使其适应新的环境，从而达到良好的绩效。

Winter（2003）认为有效的动态能力是企业获得和保持竞争优势的必要条件，与环境相匹配的动态能力是更好的企业绩效的来源。Pavlou 和 Sawy（2011）的研究表明，技术能力较弱的企业不能根据不断变化的用户需求及时生产新产品，这使得企业很难获得商业上的成功。具有良好技术能力的企业可以开发满足客户需求的新产品，并使企业具有更强的竞争优势。优秀的技术能力帮助企业将投资转化为有效的产出，以满足不断增长的市场预期，并且该过程消除了过多的成本和时间，从而避免了组织混乱或业绩损失。具有良好管理能力的企业可以使业务项目顺利进行。有效的企业管理可以减少合作伙伴和企业之间的冲突，提高项目质量，实现良好的企业绩效。Danneels（2002）指出，技术能力和营销能力是新产品开发的基本能力，并在实现可持续性能方面扮演着重要角色。Protogerou 等（2012）认为，具有良好市场营销能力的企业能够更好地理解和满足当前与潜在的消费者需求，接触新客户，分析竞争对手和当前竞争条件，并对企业的优秀业绩产生积极的影响。

企业业务环境的动态特性，使企业的动态能力成为当前企业绩效研究的一个关键因素，我国学者也对此进行了深入研究。然而，早期的研究要么侧重于企业动态能力的划分，要么单纯地介绍国外学者对企业动态能力和企业绩效间的不同关系，在企业动态能力研究中，应用国外同行的企业数据验证中国企业的现实场景中，很少与其他因素结合在一起。在我国转型时期的动态环境中，必须弥补相关研究的不足，将企业动态能力与社会关系结合起来研究企业绩效，具有重要的理论和实践价值。

现有的文献对于企业的动态能力如何影响企业的表现仍然存在争议。一方面，企业的动态能力可以直接提高企业的绩效；另一方面，企业的动态能力只能被看作企业的非生产性的高层次能力。董保宝等（2011）指出，动态能力（如市场营销、管理和技术能力等底层能力）直接关系到企业绩效产出，并被用于提高企业绩效。Protogerou等（2012）从理论上和经验上都证明了市场环境的动态是不同的，企业动态与企业绩效之间的关系也不同，具有调节作用，但还没有得到讨论和验证，和在不同动态环境条件下的详细描述，两者之间的作用机制是否会改变，以及它将如何改变。企业社会关系对企业绩效的作用机制也存在着类似的争论。对影响路径的研究发现，企业社会关系通过影响一些中介因素（如响应能力和营销能力）间接影响企业绩效。此外，企业社会关系是减少对企业资源依赖的重要社会资本，其对企业绩效的影响将受到外部动态环境的影响。例如，郭海和沈睿（2012）认为随着环境的变化，企业与政府之间的关系可以有效地改善企业绩效。因此，针对目前研究的不足，有必要用动态能力、社会关系和企业的环境动力学模型来探索动态能力、社会关系和企业机制，以及企业之间的差异和动态环境变化行动机制。

企业绩效是企业参与活动的绩效和效率的统称，也被认为是企业实现其战略目标的程度。它是企业生存和发展的基础，也是企业战略管理的关键问题之一。Wang 和 Ahmed（2007）用产业分析理论、资源基础理论、核心竞争力理论和企业动态能力理论四种主要理论来分析企业绩效；随着研究的深入，前三种理论都有片面而非动态的研究，而企业动态能力理论优于三种理论，强调了资源和环境的处理能力。Teece（2012）的研究表明，动态提升使企业的动态能力成为企业战略管理中企业绩效的核心理论。

Leonard（1992）认为在动态环境中，企业动态能力的潜在价值是更新和重构现有的动态功能，并引入新的配置以更好地适应变化的环境，与环境匹配的资源分配和动态能力是更高性能的来源。面对瞬息万变的环境、不可预测的事件和意外的中断，企业的动态能力可能很快就会受到损害，或者可能会出现核心的僵化。只有通过创新，企业才能取得更好的业绩。颠覆性的创新活动，如引入新技术，将鼓励企业重新配置其动态能力，促进高价值产品和服务的发展。Winter（2003）认为企业动态不参与产品和服务的生产，而是执行类似的构建和集成或重新配置动态功能的活动，企业的动态功能是复杂的、结构化的和多维的，并且是能够有效地使用低级功能的高级特性。Pavlou 和 Sawy（2011）、Protogerou 等（2012）用实证方法研究了企业动态能力与企业绩效之间的关系；研究结果表明，企业的动态能力影响了企业的绩效。曾萍等（2013）认为环境动力学是企业能力发展和演化的驱动因素。企业的动态功能将随着环境的变化而变化；当市场处于中度动荡时，企业的动态能力是复杂的、详细的、可分析的，并产生可预测的结果。在这样的环境中，外部世界的变化很大程度上可以预测变化的速度是相对缓慢的。企业的动态能力主要通过动态增强企业获得正常绩效的能力来支持所发生的适应性变化。当市场高度波动时，企业的动态能力是简单、经验丰富和不稳定的过程，其依赖于快速发展的知识，并能产生适应性和不可预测的结果。在这样的环境条件下，企业适应环境的动态能力不能使企业实现绩效，甚至成为阻碍企业发展的障碍。时间的迫切性使得企业不可能过于依赖于维持其动态能力，为了提高企业绩效，更多的是利用企业的动态能力直接从外部获取资源以应对企业的困境。因此，在一个高度动荡的环境中，企业的动态能力不仅是一个相对稳定的环境，而且直接影响企业的绩效，而不仅仅是依靠动态能力来提高企业绩效。

面对环境动态，企业往往无法确定它们应该遵循的战略方向。Liu 等（2010）指出，企业社会关系可以激励企业获取最新的信息和知识，帮助企业避免经济交易的不确定性和不信任感。Li 等（2009）指出，公司还可以通过模仿成功公司的战略计划来增加社会合法性。当企业的商业环境变得更加复杂和动荡时，企业面临着自己无法解决的问题，可以通过自身的渠道获得所需的稀缺资源，或者寻求相关成员的帮助，帮助其克服困难和障碍。因此，随着环境变得更加不稳定，企业社会关系的作用将发挥更大的作用。

我国经济的转型使企业的经营环境变化更加剧烈，需要面对一系列的制度性障碍。在这样的环境条件下，企业的动态能力可以使企业有效地应对环境变化。企业社会关系是中国环境中一个非常有用和非正式的系统，可以克服企业在转型时期面临的高交易成本。Teece（2007）指出，不完善的市场体系和强有力的政府干预有效地保护了企业正常的市场交易行为。因此，在我国转型时期的动态环境下，基于企业的动态能力和社会关系，研究企业绩效具有重要的理论和实践价值。Wang 和 Ahmed（2007）将企业绩效划分为两个维度：市场绩效和财务绩效。Pavlou 和 Sawy（2011）在新产品开发的背景下，从流程效率和产品有效性的角度来衡量新产品开发的性能，用企业的业绩来衡量企业的盈利能力和市场表现。曹红军等（2009）将企业绩效分为四个维度：财务绩效、员工成长与学习、内部流程、客户满意度。焦豪等（2008）主要以销售增长率、税前利润和市场占有率来衡量企业的业绩。由于不同的研究视角和研究重点，学者在企业绩效测量方面的研究方法存在一定的差异，主要侧重于用财务绩效和非财务绩效来衡量企业绩效。企业社会关系是由企业组织和政府机构建立的关系网络，以实现组织目标。Park 和 Luo（2001）指出企业社会关系包括与供应商、消费者、竞争对手，以及政府和政府机构之间的业务关系。Lu 等（2009）指出，企业社会关系通过企业资源共享和企业间交易的社会、经济及政治环境来影响企业的市场扩张与销售增长。业务和商业团体之间良好的关系可以帮助企业提高业务销售量和整体性能，企业和消费者之间的关系能激发消费者忠诚与减少交易成本，企业的不确定性增进销售企业和供应商关系，可以帮助企业获得高质量的材料和良好的服务并及时交付。企业与竞争对手之间的关系可以形成资源共享与无形之间的合作关系，并有助于提供操作便利和降低竞争成本。

任何一个企业的营商环境，从来不会脱离宏观的外部形势。这里面既有技术的不断迭代、日新月异，也有着全球化的跌宕起伏和消费者偏好的更加多样化。因此，企业之间的竞争必然越来越激烈，一个相对稳定的商业生态系统在时间和空间尺度上早已越来越短暂。产业结构的转型升级，还会推动制度环境的变化、知识产权的价值保护、市场体系的推陈出新……面对动态和复杂的经营环境，企业如何才能提高自身的能力，适应环境的动态变化，达到较高的绩效，已成为中国业界、学界和政府部门的热门话题。

▶▶　1.2.4　国内外研究评述

通过对上述文献的研究和总结，我们可以归纳出以下特点：一方面，国内外商业模式的研究主要表现为两个主要特征。一是电子商务企业的研究对象（基于电子信息技术和互联网行业企业）主要为新兴的电子商务模式和O2O商业模式；二是业务模式、技术管理、创新管理更加一体化。另一方面，商业模式本身的研究并没有形成自己完整的、相对独立的基本理论体系，学者对商业模式的定义和类型尚没有统一的理解，这使得每个学者可以根据自己的研究来定义和设计商业模式与研究范式。与此同时，大多数商业模式创新都与外部技术环境有关，创新主要体现在学习和适应新技术上。例如，电子商务模式的高潮是一个促进新交易的技术的例子，商业模式创新研究已成为技术创新和创新管理的内容。

通过现有的研究，本书认为，商业模式理论的完善需要建立一个基本的理论基础，进而形成一个科学的体系。完成这个任务的第一个问题是定义业务模型的结构、类型、研究方法和范例，没有基本的理论建构，商业模式的研究只能作为修辞的概念。目前，技术的快速发展和进步、商业模式的快速变化、学术模式的不断涌现，都为学术研究提供了良好的土壤和难得的机会，基于商业生态系统的视角是研究商业模式的一个很好的起点。同时，通过总结已有研究可以发现，商业模式研究方法通常是单一的，常用的是实证研究和定量回归模型，个案研究和实证研究主要用于个别企业，大多数实证研究都使用行业数据和某种类型的数据。因此，从业务生态系统的角度总结相关案例，构建业务模型分析框架，并分析同一企业内部不同业务类型之间的绩效，将成为本书的重点。

1.3　研究内容与方法

▶▶　1.3.1　研究内容

在全球化的当下，企业所处的商业生态系统日益复杂，商业模式受外部环境的影响也随之发生变化。现有研究框架能够在一定程度上刻画商业模式，但缺乏地域环境、行业区别等因素对商业模式影响的分析。正如 Casadesus-Masanell 和 Ricart（2010）所言，当前对商业模式的研究是对企业已实现的发展战略的一种反应和总结。现阶段的商业生态系统理论研究尚停留在将生态学概念加以修订后应用于企业环境分析，或是分析商业生态系统演化的基本机理和表象，对商业生态系统深层次的内部运行机理等隐性因素的研究还需加强；商业生态系统的诊断面临边界条件比较模糊，时（企业生命周期与种群演替规律）空（群落范围）尺度不易把握，反馈机制有待健全。本书拟基于商业生态系统视角，通过对商业模式内涵的界定以及分析框架的构建，研究商业生态系统视角下商业模式影响企业绩效的机理与路径，同时分析协调能力在商业模式与企业绩效之间的作用，并对商业模式进行仿真研究，以期为企业在市场复杂多变的背景下的发展提供参考与借鉴。

我们基于商业生态系统视角，应用知识管理的商业模式研究方法，结合系统生态学和资源基础相关理论，对商业模式进行概念化定义。通过分析现有的企业商业模式，提出商业生态系统下商业模式构成要素及分析框架，认为商业模式分析需考虑稳定影响者、中间影响者、直接影响者和直接驱动者四要素，然后设计量表，用因子分析法进行验证。

构建商业生态系统视角下商业模式对企业绩效影响的概念模型并进行实证研究。本书基于商业生态系统商业模式动态分析框架来衡量商业模式，用市场绩效及财务绩效这两个指标来衡量企业绩效。通过问卷调查法收集整理数据，通过结构方程对商业模式与企业绩效之间的关系进行实证，得到商业模式影响企业绩效的机理及路径。

定义商业生态系统视角下的协调能力，研究协调能力在商业模式与企业绩效之间的作用。根据文献调研法及探索性因子法确定协调能力的维度，设计协调能力的测量量表并检验量表效度；在此基础上构建协调作用在商业模式影响企业绩效过程中的调节作用模型并提出假设，通过实证检验假设的合理性。

从系统的角度研究协调能力在商业模式对企业绩效影响中的作用。基于前文对商业模式的理论分析及调查问卷数据，运用系统动力学（system dynamics，SD）构建商业模式对企业绩效影响以及协调能力在特定商业模式中对企业绩效影响作用的因果回路图及存量流量图，从定性角度对系统框架及结构进行说明；基于调查问卷及前文实证研究所得数据，对商业模式和协调能力对企业绩效影响的存量流量图进行赋值，并对模型进行仿真预测，同时设置不同政策情景，进行情景仿真模拟，以确定何种协调能力在商业模式对企业绩效的提高中具有显著作用。

▶▶　1.3.2　研究方法

基于商业生态系统的商业模式及其对企业绩效影响的研究，我们主要采用定性和定量相结合的研究方法。在定性方面，主要包括文献调研以及案例对比总结分析；在定量方面，主要包括量表开发与统计分析。

具体而言，在确定了研究问题的基础上，系统查阅并整理了相关的国内外文献，并据此提出了我们拟解决的主要问题；结合所研究的主题，利用已有的理论依据，建立了理论框架及研究假设；在实证研究部分，利用我们设计的调查问卷进行了调研，进而进行数据分析。在数据分析过程中，先进行了验证性因子分析，然后建立结构方程对本书的研究假设进行检验。

（1）文献调研法。通过文献调研法确定本书的研究主题，并对国内外相关研究如关于商业模式、动态能力、企业绩效及其关系的研究现状进行综述，从而总结出现有研究的主要研究方法及研究结论，并明晰现有研究的局限，为我们的研究奠定基础。

（2）归纳总结法。通过对川航、携程网、菜鸟联盟（以下简称菜鸟）、怡亚通等企业商业模式案例进行总结，归纳其业务实现价值的模式，并结合相关理论构建商业生态系统视角下商业模式分析框架。

　　（3）实证研究法。通过结构方程、回归分析及系统动力学等方法对商业模式分析框架、商业模式对企业绩效影响的机理、协调能力在商业模式与企业绩效之间的关系等进行实证研究。

　　本书主要采用的统计软件包括 SPSS、Stata 和 Amos 等。

　　本书的主要创新工作主要有以下三个方面。

　　（1）基于生态学理论概念化商业模式并提出商业生态系统视角下商业模式的分析框架。现有的对商业模式的研究大多是从企业层面对商业模式进行研究，且关于商业模式的刻画较为模糊。本书聚焦企业具体业务的商业模式，并从商业生态系统视角对企业业务商业模式进行刻画，符合当今商业时代市场变化的需求。

　　（2）构建商业生态系统视角下商业模式对企业绩效影响的概念模型，实证分析商业模式影响企业绩效的机理与路径。现有研究普遍认为商业模式可以有效提升企业绩效，但对于其影响企业绩效的机制如何，尚未有学者进行系统性的研究。本书在商业生态系统这一视角下，具体分析了商业模式各个维度对企业绩效的影响路径，深入分析了商业模式与企业绩效之间的关系。

　　（3）分析协调能力在商业模式与企业绩效之间的调节作用。现有关于商业模式的研究多侧重于从定性角度直接研究商业模式对企业绩效的影响，忽略了其他企业内外部因素的作用。在验证商业模式对企业绩效影响机理的基础上，考虑企业处于商业生态系统的大背景下，将商业模式要素及其与外部环境的协调能力纳入商业模式对企业绩效的影响分析之中，分析协调能力在其中的作用，更符合当前企业发展环境。

　　研究结构如图 1.1 所示。

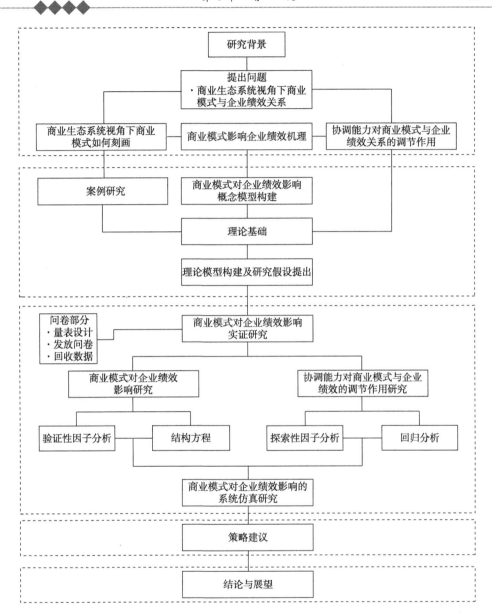

图 1.1　研究结构

第 2 章　相关概念与理论基础

　　本章首先对相关概念进行界定，包括商业模式、协调能力及企业绩效，随后对本书的指导理论进行阐述。指导本书的理论主要包括资源基础理论及商业生态理论，这些理论的主要内容及特征均会在本章进行介绍，从而为后文的研究奠定基础。

2.1　相关概念界定

▶▶ 2.1.1　商业模式

　　商业模式最早出现于 20 世纪 50 年代，到 20 世纪 90 年代才开始被广泛应用。郭京京和陈琦（2014）认为，商业模式因其构成要素之间关系复杂混乱，出现过多种定义。商业模式的定义尽管有所差别，但王春博和杜栋（2015）认为，关于商业模式的定义不可否认以下两点：①随着互联网+电子商务的快速发展，企业家开始经常谈论商业模式；②企业对价值进行创造的新方法很好解释了商业模式，"初始时的兴奋"和"效度受到质疑"这两个时期已经过去，现在正逐渐走向成熟。

　　商业模式在论文题目和摘要中真正出现是在 1960 年，"business model"一词最早出现在论文正文中是在 1957 年；根据文献的计量，20 世纪 90 年代以后，可以认为商业模式作为一个独立领域，开始引起研究者的广泛关注。根据国外研究的趋势来看，商业模式热度正处于逐步上升的趋势，并且在 21 世纪初成为学术期刊、报纸等大众传统媒介最流行的术语。在 2003 年、2004 年和 2005 年 "business model" 的全文索引篇数已经分别达到 327 篇、380 篇和 448 篇，商业模式研究取得了很大的进展。

商业模式虽然在国外已经得到广泛关注，但对于其概念本质并没有取得共识。由于商业模式往往与经济发展息息相关，从经济层面来说，其本质在于为企业获取利润，往往会涉及以下变量：定价方法、帕累托最优产量、收入来源等，许多研究者都是从这个角度对商业模式进行了概念限定和本质阐述。Stewart 和 Zhao（2000）将商业模式看成一种逻辑陈述，企业借此能够获得并且保持自己的收益流；Rappa（2010）认为企业维持自我、产生利润的经营方式是商业模式根本的内涵，从而进一步说明企业如何利用商业模式获取利润；Hawkins（2001）将商业模式看成一种构造成本和收入的方法，着重分析一个企业与其相应的产品和服务之间的关系，在分析这个关系的基础上，再对各种成本和收入的不同现金流来源进行构造；Afuah 和 Tucci（2001）将商业模式定义为一种获取利润的方式，在这种方式里，企业获取并使用资源，打败竞品，从而为顾客提供更有价值的东西。

从运营方面看，商业模式可以看作企业的运营结构，通过内部的流程和基本构造设计从而让企业获得价值，往往涉及管理流程、产品/服务的交付方式等不同变量。不少研究者从此角度进行概念的定义与解释。Timmers（1998）对商业模式表述如下：产品、服务及信息流的一个架构，具体来说，这个架构里包括每个商业参与者与其角色的描述、每个参与者的潜在利益描述及获得利润来源的描述。Mahadevan（2000）将商业模式看成价值流、收入、物流这三者的独特的组合。Applegate（2001）描述商业模式为简化的复杂商业现实，借此能分析商业活动结构以及各元素的关联。Amit 和 Zott（2001）这样理解商业模式：开发商业机会、结构与统合架构这样的框架。

从战略方面来看，商业模式这样表述：考察不同企业的不同战略方向，与此相关的变量包括价值创造、差异化、愿景等，国外学者大部分按此逻辑定义。KMLab Inc.（2000）将商业模式定义为对于企业意图如何在市场中建立价值的描述，包含企业的产品、服务、形象、与配销的独特组合，也包含了用以完成工作的人员与作业基础建设的基本组织。Linder 和 Cantrell（2000）、Pavlou 和 Sawy（2001）均认为商业模式是组织或者商业系统创造价值的逻辑。Weill 和 Vitale（2001）将商业模式表述为，消费者、供货商及合作伙伴之间的角色描述，并且主要参与者能够获得利益。Dubosson 等（2002）认为商业模式是对企业及其伙伴所构成的商业系统如何获得可持续的收益流，为一个或者数个目标顾客群体架构（architecture）创造、营销、传递价值和关系资本的描述。

从整合方面来看，将企业的整个运行机制看作一个商业系统，商业模式即对这种商业系统的一种描述，其对企业的整个经济运营结构以及战略方向的提升与整合起了一定的积极作用。综合类的研究者认为，成功的商业模式具有独特性和不可模仿性。近年来，国外已经有研究者尝试着从这个层次理解商业模式。Morris 等（2003）提出了一种整合类的定义：商业模式是关于企业对战略方向、经济逻辑及运营结构的有效陈述，从而在市场中获得竞争优势；Osterwalder 等（2005）选择了一些要素，认为商业模式就是在这些要素基础上的概念性工具。

在模式研究的分类方面，互联网企业的商业模式是当前的一个重点。Afuah 和 Tucci（2001）把商业模式看成企业为自己、供应商、合作伙伴及客户创造价值的决定性来源；Mahadevan（2000）提出，商业模式是对企业至关重要的三种流量的唯一混合体，这三种流量分别为价值流、收益流和物流；Hamel 和 Trudel（2001）在商业模式的研究中提出，商业模式包含核心战略、战略性资源、顾客界面和价值网络四大要素；Thomas 和 Wang（2005）认为商业模式是流程、客户、供应商、资源和能力等要素的总体构造；Dubosson 等（2002）认为，综合性、直觉和创造精神是商业模式的重点；Rappa（2010）认为商业模式是做生意的方法，能为企业创造价值、带来收益，并且进一步明确了如何选取上下游伙伴以更好满足用户需求，创造收益。

随着企业对商业模式创新的重视程度的不断加强，近年来国内学者的相关研究成果也日渐丰富。王波和彭亚利（2002）认为，企业的运营机制、对运营机制的扩展与利用才算得上真正的商业模式，分别属于经营性商业模式和战略性商业模式，但缺乏理论的深度，难以形成完整的理论体系。罗珉和刘永俊（2009）认为商业模式是企业创立并且由其运作的经营行为与措施。翁君奕（2004）把商业模式界定为一个类似"魔方"的三维空间，由价值主张、价值支撑、价值保持构成的价值分析体系，提供了商业模式创意构思和决策的一种思维方法。程愚（2004）认为商业模式是有序的"交易"活动，企业活动可以用"交易—价值"范式做出更一般性的解构。王伟毅和李乾文（2005）对商业模式的要素结构组成进行分析，将模式要素分为横向列举式和网状式两种基本类型，体现了整体性和系统性。李庆华（2007）从技术创新方法和客户导向理念两个维度来考察，认为现实中存在着四种代表性的经营模式，即技术驱动型、需求满足型、市场创造型、模仿竞争型。汪寿阳等（2015）创造性地将心理学中的冰山理论应用于商业模式研究，并将其所提出的 TEI@I 复杂系统研究的理论框架延伸到商业模式领域，形成了 CET@I 方法论。

1996 年，美国的经济学家 James Moore 将英国的植物生态学家 Tansley 在 1935 年提出的生态系统的概念引入商业模式研究中，首次提出了商业生态系统的概念，提出在一定的经济环境下，企业间物质流动过程必然伴随着资金流动和价值转换，信息流总是依附物质流、资金流和价值流，最终体现在管理决策型、模仿竞争型上。魏炜等（2012）围绕"利益相关者的交易结构"这一原创性的商业模式定义，提出了六要素分析理论。

目前，国内外学术界对商业模式的定义还没有达成共识。国内研究尚处在跟踪阶段，相比较国外对同领域的研究而言，在这一领域还需要借鉴国外现有的理论，探讨出适合国情的发展模式；商业模式关注的核心，应该是围绕一项业务的交易结构。以商业生态系统为视角，我们尝试对商业模式提出如下定义：商业模式是在基于目标企业所构建的商业生态系统中，针对一个业务进行的一系列符合商业逻辑的互利交易，进而实现业务所带来的价值目标（周湧等，2017）。

▶▶　**2.1.2　协调能力**

1994 年 Tecce 提出了动态能力的概念，指出动态能力是一种抽象的，能改变一个企业运营管理的能力，即企业完成组织管理的能力。以 Helfat（1997）和 Danneels（2002）等为代表的学者将动态能力解释为

一种具体的能力，即企业实施某种具体战略或组织管理某项具体活动的
能力，如战略决策能力、新产品研发能力、营销能力。

　　具体的能力这一解释不能离开动态能力是改变能力的能力这一本质，
因此很多学者还是倾向于传统的解释，将动态能力看作一种抽象能力。这
里为了明确概念，将这种具有抽象本质的动态能力命名为协调能力。协调
能力是指商业生态系统中商业模式各要素之间的相互作用和相互影响，以
及由此产生对企业绩效的影响。在后续研究中，需要探究这一能力如何在
商业模式和企业绩效之间发挥调节作用，这种抽象能力能否帮助商业模式
更好地提升企业绩效。因此，在本书中重点研究这一抽象能力而非具体的
企业能力的协调作用。

▶▶　2.1.3　企业绩效

　　企业绩效是指一定经营期间的企业经营效益和经营者业绩，企业经
营效益水平主要表现在盈利能力、资产运营水平、偿债能力和后续发展
能力等方面，经营者业绩主要通过经营者在经营管理企业的过程中对企
业经营、成长、发展所取得的成果和所做出的贡献来体现（杨典，
2013）。在企业的财务绩效评价方面，除采用传统的剩余利润（residual
income，RI）、盈余（earnings）、营业现金流量（operating cash flow，
OCF）、投资报酬率（return on investment，ROI）等指标外，Stewart
（1994）提出了经济增加值（economic value added，EVA）指标。该指
标考虑了投资者投入资本的成本因素，是企业经过调整后的税后营业净
利润（net operating profit after tax，NOPAT）减去该企业现有资产的经济
价值的机会成本后的余额。1995 年，我国财政部发布了企业经济效益评
价指标体系，从投资人、债权人和社会贡献三个方面评价企业绩效，包
括销售利润率、总资产报酬率、资本收益率、资产保值率、资产负债
率、流动比率、应收账款周转率、存货周转率、社会贡献率、社会积累
率等 10 项指标（孙永风和李垣，2004）。目前国内外对企业绩效的评价
范围尚无统一的界定，对企业绩效评价的研究中，不同的指标体系大致可
以分为三个层次：一是企业在国际上的竞争与发展能力，即外显竞争力；
二是竞争力的持久性和保障性，即内在竞争力，包括企业所拥有的各类资

源和能力——企业成长性因素；三是竞争力的激励性因素，即体制竞争力。本书将综合国内外研究，从财务绩效和市场绩效两个维度对企业绩效进行刻画。

2.2　资源基础理论

通过长期的竞争合作演变，企业之间的竞争力差异会逐渐扩大。企业拥有的资源不同是造成这种差异的重要原因，其诞生标志可以认为是 20世纪 80 年代沃纳菲尔特（Wernerfelt）发表的"企业的资源基础理论"。资源基础理论的假设如下：第一，企业有不同资源，既有有形的，也有无形的，并且可以转变成特有能力；第二，企业的资源具有流动性差和不可复制性，企业借此获得竞争优势。资源基础理论的基本思想是把企业看成是资源的集合体，将目标集中在资源的特性和战略要素市场上，并借此来解释企业的可持续的优势和相互间的差异。

▶▶　2.2.1　资源基础理论的主要内容

资源基础理论认为，企业由资源构成，不同企业资源不同。资源具有异质性，这就决定了企业竞争力的差异。

企业竞争优势的根本来源在于其特殊的异质资源，不同资源的用途不同，企业进行经营决策时，规定各种资源的特定用途。

一般说来，企业决策具有以下特点。

一是不确定性。一方面，决策者对各种外部环境信息了解不完全；另一方面，企业对竞争者的经济行为偏好掌握不准确。

二是复杂性。各种环境复杂，竞争者对环境的应对策略复杂难以捉摸。

三是组织内部的冲突性。不同利益群体目标不一致，都从自己立场出发，结果各不相同。

企业获利能力不同的重要原因在于资源有差异，有竞争性的资源应具有以下特点：其一是有价值，货币表现即能为企业创造收益；其二是稀缺性，往往是一家独有，难以简单地复制；其三是其他资源无法替代；其四是以低于价值的价格为企业所取得。其中有价值、稀缺性及无法替代这三点尤为重要。

企业竞争优势的持续性在于资源的不可模仿性。竞争优势在于企业所拥有的特殊资源，在这种驱动下会带来经济租金。而阻碍企业之间互相模仿的因素主要有以下三个。

一是因果关系含糊。不知该模仿什么、不该模仿什么；观察有成本，观察越仔细，耗时越长，成本越高。

二是路径依赖性。企业可能因为远见或者偶然拥有某种资源，占据某种优势，但这种资源或优势的价值在事前或当时并不被大家所认识，也没有人去模仿；后来环境发生变化，形势日渐明朗，资源或优势的价值日渐显露出来，成为企业追逐的对象。

三是模仿成本。企业的模仿行为存在成本，模仿成本主要包括时间成本和资金成本。

资源基础理论为企业的长远发展指明了方向，即培育、获取能给企业带来竞争优势的特殊资源。

目前关于资源的基础理论还不是很健全，企业在进行决策时由于市场环境等周边因素面临着许多未知的情景，资源基础理论只能够提供一些建议，企业可以从共同学习、知识管理、建立外部网络几个方面获取和使用企业的特殊资源。

1. 共同学习

资源基础理论意味着企业的知识和能力就是企业特殊的资源，取得这个特殊资源的渠道就是不断地学习。企业的特殊资源不是简单地将每个个体获取的知识能力进行汇合，而是要把单一个体的能力有机地组合在一起。通过企业内部的共同学习，不仅个体的能力有了显著的提高，同时整个企业的水平也有显著的提升。

2. 知识管理

知识要通过人的施展才能起到作用。企业在生产活动中应该持续地

学习知识，并同时对个体习得的知识进行整理汇总，然后将汇总后的知识传授给特定岗位的员工。企业竞争优势的一个重要来源就是该企业对于知识能力的处置速度和效率。因此，企业在日常活动中对知识进行持续的管理，将能够推动企业的发展，提高企业的综合能力。

3. 建立外部网络

对于一些实力相对比较弱的企业而言，如果只单单用自己的能力去获得生产经营中的所有知识是极为困难的，因此这类企业可以选择通过建立联盟的方式来获得知识技能。与此同时，不同企业的员工在一起学习工作还可以激发彼此的创造力和积极性。

▶▶ 2.2.2 资源基础理论的缺陷

资源基础理论的重点在于企业自身的资源基础，总结企业能够立于市场的优势，但没有考虑企业所处的外部环境，没有从合作的角度来考虑企业间的关系对企业发展的影响，因此存在一些问题。

首先，如果只重视企业内部的发展但是忽略企业外部所产生的问题，所制定的企业战略就不能够迎合瞬息万变的市场。

其次，不能确定对企业的不完全模仿和不完全模仿企业的资源的差别，因此这种战略资源也非常容易被模仿。

随着研究的不断深入，从企业所处外部环境来分析企业发展模式的方法逐渐兴起，我们认为其中最具代表性的是商业生态系统理论。

2.3　商业生态系统理论

▶▶ 2.3.1 商业生态系统的概念

1996 年美国学者 James F. Moore 出版《竞争的衰亡》一书，该书对于竞争战略理论的指导思想有了新的认知。作者把市场中的企业日常活动看作一个生态系统，但又和以往的狭隘观点不同。这些狭隘的观念认为，达尔文的自然选择是指和市场契合度最高的企业与产品才能发展，弱者只能不断地被淘汰。穆尔（Moore，1996）提出了关于"商业生态系统"的新的理解，和以往的理论完全不同，追求的是"共同进化"。他认为商业生态系统在持续地进行变化，企业的高层人员应该从市场、过程、风险承担者、顾客、产品、组织、政府与社会七个角度来考虑商业系统和自己的角色的关系。竞争可以将相关的企业结合起来，形成一种崭新的商业模式。在该模式下，企业应该更看重微观的经济和财富，从而制定企业的发展战略。

目标企业及其利益相关者（即核心企业、市场中介、风险承担者、消费者、供应商及竞争者）构成一个商业生态系统，物质、能量和信息通过这个商业生态系统进行传递，而我们所关注的价值链就在这些成员之间形成；不同的价值链之间又会彼此交织，进一步地推动这个商业生态系统不断进行演替和重构。然而，这个商业生态系统中各个生态位之间和食物链的关系不同，是在不断地完成价值的交换，它们的关系与生态系统的共生关系可能更为相似。

商业生态系统也是一个在传统组织形式与市场运作模式之间的组织形态，是一种企业网络。但是，和一般的企业网络不同，它关注企业生态位的不断变化。只有企业网络能够觉察到环境的变化，才能实现这个目标。企业要认识到现在的状态，并且有针对性地提出可行的方案，还要具备较强的获取外界知识的技能。因此，商业生态系统是一种和以前不同的新型的利益相关者架构。

▶▶ 2.3.2　商业生态系统的特征

商业生态系统除了具备一般的企业网络的特征之外，还有几个独特的特点。

1. 先建立企业生态位分离后才能建立商业生态系统

如果有任意两个生物利用相同的资源，就会出现生态位重合，从而产生竞争。竞争的结果是至多只有一个生物能够使用这个生态位，即产生生态位分离。类似地，当企业对于同种资源都有需求时，它们的产品和目标市场就会十分相似，它们的生态位重合的概率就越大，竞争也会越发剧烈。因此，企业如果想生存，就应该培养自己独特的生存技能，找到最能发挥自己作用的位置，实现企业生态位的分离。生态位的分离在减弱竞争的同时也为企业间功能的互补提供了条件。

2. 商业生态系统的重点在于系统成员的多样性

生态系统中的生物在环境中扮演着不同的角色，在食物链上彼此共存，进一步又构成了食物网，物质流动和能量传输得以实现。与自然生态系统相似，商业系统中的多样性也是非常重要的。由于环境的不断变化，多样性使得企业能够更快适应不同的环境，多样性对于商业系统的价值创造和实现自组织也是非常重要的（Clark and Baldwin，1998）。

3. 保持系统健康的重要因素之一是系统中的关键成员

自然生态系统中，物种可以分为优势种、亚优势种、伴生种和偶见种。优势种的不断消失会使得群落性质发生改变，因此优势种对于整个群落的影响是巨大的。与之相对的，重点企业对于商业系统的稳定也起着十分重要的作用，因为它能够抵抗外界对于系统的影响。

4. 系统内要素之间或子系统之间的作用是系统的动力

协同思想表明，系统规则是由子系统之间自发的相互作用产生的。因此，底层子系统之间的竞争作用导致了复杂性模式的出现。由于系统内子系统之间存在作用力，竞争中的几种趋势优势化。商业系统具有复杂性，不同种类的低层次之间的相互作用推动着系统向有序、高层次进化（Lewin et al.，1998）。

5. 商业生态系统具有网络状结构，边界不清晰

商业生态系统边界不清晰，主要表现在一个商业系统是由许多个小商业系统构成的，同时又包含在一个更大的商业系统中，因此商业系统的边界是相对的。而且，商业系统中的企业可以同时被包含在许多个系统中，如青蛙同时属于湿地生态系统和草地生态系统。

6. 自组织使得商业生态系统不断进化

外界环境在持续地发生变化。在商业生态系统中，只要满足一定条件，自组织行为就会一直发生。

▶▶　2.3.3　商业生态系统理论的发展

商业生态系统理论刚开始没有被大家所赞同，但随着不断发展，该理论形式逐渐多样、内容逐渐充实、应用逐渐广泛，比较重要的成果就是源创新理论和平台战略理论。

21 世纪之初，Tse（2004）提出了源创新理论，认为源创新是一种创造性的战略分析结构，能够为处于转型期的中国企业提供相应的指导。他对生态系统的构建从创新和战略两个方面进行分析，他认为源创新理论对价值链理论是一个巨大的冲击，创新是科学创新和商业创新，他发现自然规律和产生新的价值都是商业创新，商业创新可以分为流创新与源创新。

始创新是指包括新的科学理论、新的技术路径和颠覆性的产品的创新发现。为了迎合市场，利用企业的资源和能力产生价值称为流创新，如改进工艺流程、更新产品，它和 Martini 等（2012）的"连续性创新"（continuous innovation）有共通之处。不断聚集他人的流创新成果，吸引周边成员，用形成的系统满足需求、开拓市场是源创新（表 2.1）。

表 2.1　三种创新比较

类别	定义	实例	备注
始创新	新发明、新发现、新产品及新技术等	蒸汽机、电灯、电报等的发明	科技创新
流创新	提高始创新效用，改善现有价值链，体现为降本增效	螺旋桨飞机改为喷气式飞机	商业创新
源创新	由新产品或新科技触发新理念，通过组合始创新、流创新创造新价值，满足多方需求	阿里巴巴商业平台、三星商业平台	商业创新

源创新理论的关键在于不断从新视角寻找已存在技术的真实价值，使得更多的成员加入这个价值体系，开拓市场和进行价值创造。同时建立"两面市场"，通过考虑各成员的利益，建立一个可持续发展的生态

系统。"源头创新"的实质在于创造市场，即建立新的生态系统。系统内的网络是成员提升自身价值的渠道。当一个新理念产生时，此时的这个新系统是不稳定、不完善的，只有不断地吸收新成员，系统才会变得更加完善，更多的人将能够体会到新概念的价值，更多的成员将加入系统并形成良性循环。系统中的企业不像生态系统那样有上下游，而是相互依存、彼此依赖，由此促使企业持续进步发展。

企业实施"源头创新"有两个步骤：第一步是启动和构建生态系统的初始状态与基本框架。第二步是加强它，为了实施"源头创新"，提出者必须提出一个新的有价值的概念，并用这个新概念来打动人心。同时，他们还必须建立一个具有重要生命力的系统来支持这一概念。只有这样，生态系统中的成员才能互相分享理念中的价值。当大部分成员接受新理念之后，会产生正向的反馈，从而推动整个系统的成员接受这个理念。如果所构建的生态系统中的成员对于新理念的反应不是很积极，就需要推动新理念被接受。那么如何去使得生态系统更有生命力呢？源创新提出建立一种新的商业模式，即"两面市场商业模式"。如果一家企业处于价值链的中间位置，那么它必须注意为上游和下游客户提供价值。该企业面临着上层和下层市场的客户，这是"两面市场商业模式"。在这个模型中，上限和下限的边界被稀释，上游和下游可以相互转换。企业扮演着转换平台的角色。企业上下游两个实体根据自身的情况相互提供价值，实现双向正反馈效应，从而聚集更多的客户和资源，形成不断增长的生态系统。

第3章 基于商业生态系统的商业模式构建

管理理论家德鲁克（2005）曾说过："对于当今企业而言，它们之间的竞争，不仅仅是产品之间的竞争，商业模式竞争成为它们竞争的主体。"在当今全球化的背景下，企业之间的竞争，不再仅仅是人才、产品、服务及营销之间的竞争，而是商业模式的竞争，也可称之为盈利模式的竞争。如果一家企业能够通过商业模式持续获得高于同行的利润，那么该企业便是真正的赢家。商业模式是企业获得竞争优势的关键，在商业生态系统下，企业与系统中各个参与方不断交互，一个合适的商业模式可以使企业不断获利。那么在当今知识经济快速发展的今天，企业如何利用内外部资源设计一个适合的商业模式是一个值得思考的问题。本章将通过对川航、携程网、菜鸟、怡亚通和奇虎360等企业的商业模式案例进行分析，总结出商业生态系统下商业模式的通用分析框架，并用验证性因子分析对该框架进行验证。

3.1 案例分析

▶▶ 3.1.1 川航

川航开展了一项"免费接送"业务，在乘客下飞机后，有百辆专车在机场外专门负责免费接送部分川航乘客前往成都市区，这项业务在扣除成本后仍为川航每年盈利 1 亿元。商务车、班车司机及车辆运营管理等都需要成本投入，川航是如何做到以免费模式实现盈利的呢？进一步分析发现川航这一免费接送业务是建立在一个商业生态系统之中的，川航合理利用生态系统中的不同资源达到了互惠互利的效果。该案例中涉及乘客、班车司机、风行汽车公司和川航等利益相关者，行业环境、经济政策等是这一系统中的稳定影响者，在短时间内不会轻易改变。川航将外部资源重新整合，首先川航通过风行汽车公司以低价购进汽车，同时为风行汽车公司提供广告宣传；之后川航对班车司机出售从风行汽车公司低价购进的商务车，并为司机提供载客补贴，使其成为川航接机服务的专车司机；川航对购买 5 折以上机票的乘客提供免费机场接送机服务，以吸引乘客，同时可以快速分散机场乘客减轻机场压力。

在这一过程中，川航通过风行汽车公司以每台 9 万元的价格一次性购进 150 辆原价为 14.8 万元的菱智 MPV（multi-purpose vehicles，多用途汽车）。同时招募 150 名班车司机，以每辆 17.8 万元的价格将这些商务车出售给准专车司机，川航可向这些司机提供稳定的客源，汽车售价中包含了特许经营费用和管理费用。川航向司机承诺每载一个乘客会付司机 25 元。在 150 名班车司机成为风行汽车公司业务员的同时，川航向风行汽车公司承诺超过 200 万人/年的受众群体销售广告及车身广告效应。对乘客而言，从机场到成都市区打车需要 150 元，而只要购买 5 折以上机票即可享受免费接送服务。川航统计，由免费接送业务增加的机票销售收入一年内超过了 1 亿元。该业务中各个主体之间的互动如图 3.1 所示。

从川航的案例不难看出，一个成功的商业模式，就是将原本客户与航空公司间一对一的交易结构，通过引入新的业务（免费接送），编织成了一个符合商业逻辑的商业生态系统，通过其间不同生态位（乘客、班车司机、航空公司、汽车公司等）间的互利交易结构，实现各个利益相关方的价值增值（图 3.2）。

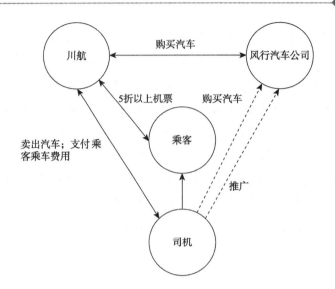

图 3.1 川航免费接送业务各主体互动图

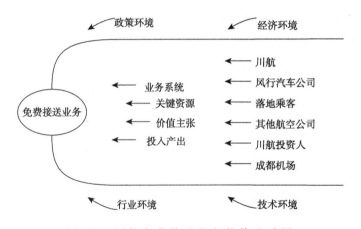

图 3.2 川航免费接送业务价值流动图

这是一个被广为传播的商业模式，仔细思考一下我们会发现，风行车的目标定位和落地旅客之间，在消费上的适配度是否能够成为强且具有黏性的利益相关者？这个商业模式能否持续，我们还需拭目以待。

▶▶ **3.1.2 携程网**

携程网是中国领先的在线旅行服务公司，于 1999 年创立，总部位于上海。携程网的服务项目包括为注册会员提供酒店预订、机票预订、度假服务、商旅管理等全方位的旅行服务。目前携程网的服务范围已覆盖全球 138 个国家和地区的 5 900 多个城市，合作酒店超过 32 000 家。在国内的 12 个城市设立分公司，包括北京、广州、深圳及成都等，并已形成精密复杂的商业生态网络。目前携程网拥有 50% 的中国在线旅游业市场份额。携程网长期以来经营稳定业绩良好，于 2003 年 12 月在美国纳斯达克成功上市。

携程网拥有中国领先的酒店预订服务系统，为更好地服务顾客，携程网主要通过低价赔付承诺为顾客提供优质服务。如果顾客成为携程网会员，那么顾客可以以低于酒店前台的价格获得同房型；若高于前台价，那么携程网在核实后会进行积分或差价补偿。提供优惠房价的基础是携程网拥有大量酒店房源，且主要酒店拥有大量保留房源，从而可以为顾客的优惠价格提供保障。

携程网不断开发新的休闲度假方式，目前已有自由行、半自助、团队游等出行形式，以及一系列配套服务，包括接机服务、自驾游服务、自由行 PASS、签证、用车等。海外团队游的重点放在深度体验式旅游上，摒弃传统走马观花式的旅行方式，从文化背景与风俗人情等方面带给游客更丰富和深入的旅行体验。携程网的业务范围不断扩大，目前在国内已开发出 30 个出发城市，度假路线覆盖海内外 200 多个度假胜地。在旅游保障方面，携程网斥资 100 万元作为保障金；如果顾客预定了携程网的度假产品，因不可抗拒因素导致旅游体验受损，携程网将视实际情况给予会员一定补偿。携程网对海外团队游方案进一步标准化，对海外团队游产品中的食、住、行、游、购、娱、导等细节做出了具体标准。

商务旅行（以下简称商旅）管理业务和旅游资讯业务都充分展示了携程网强大的资源网络。商旅管理是指当个人或公司的商业出行费用达到一定标准时，专业的商旅服务企业可以对个人或企业的出行活动进行整体考察，给出最优的咨询方案以达到节省支出、优化体验质量的目的。携程网充分利用互联网技术和电话呼叫中心，以及酒店和航空公司的合作，为企业客户提供商旅资源优化服务。旅游咨询室为会员提供有关景点的住、行、购、吃等多方面信息，并以"社区"形式为会员提供交流讨论平台。"社区"内容包括不同栏目，能及时解决游客在途中遇到的问题（图 3.3）。

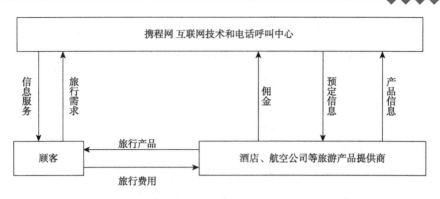

图 3.3　携程网商业模式

1. 并购现代运通

作为中国最早的最大的订购中心，现代运通当时拥有 40 多万个会员，其酒店预订服务覆盖全国 100 多个城市的 700 多家星级酒店。同时提供电话预定和网络预订服务，每夜订单量最高达 2 万间。除了在酒店预订方面的显著优势，携程网更看重现代运通的销售渠道。携程网并购现代运通是为了获得足够资金继续保持行业领先地位，同时获得现代运通的资源和客户优势。现代运通的 40 余万个客户加上携程网本身拥有的 60 余万个客户，使携程网拥有了 100 多万个会员。并购之后，携程网的内部组织结构更加完善，对市场的影响程度也进一步增大，与竞争对手相比拥有显著优势。收购现代运通对携程网来说是其发展战略中至关重要的一环，使携程网的商旅业务和自助游业务得到了极大发展。

2. 与酒店和票务公司合作

在并购现代运通之前，携程网已拥有了一批固定的合作酒店，并进一步调整了业务模式。携程网开发了一套包括"实时控房系统"和"房态管理系统"的平台，通过这一平台可以实时追踪会员酒店的同步信息，客户在携程网上预定了房间，携程网可以在当时确认。此时，酒店与携程网的关系犹如柜员和货架上的商铺，携程网可以对酒店实施控制和调节，以达到资源优化配置。酒店也在携程网这一个更有"自带流量"的系统下获得更多客源。此外，携程网的另一大战略是 2003 年 3 月对北京海岸公司（以下简称海岸公司）的收购，此时携程网已坐稳了酒

店预订行业龙头的位置，它把目光又投向了利润丰厚的机票预订业务。此前，携程网机票分销业务利润较低，而对海岸公司的收购完全解决了这一问题，扫清了与航空公司之间的沟通障碍。收购海岸公司之后，携程网在机票预订方面获得了巨额利润，其票据业务增长了 6 倍之多，除了获得航空公司的折扣，还使得携程网获得了海岸公司的呼叫中心。

3. 与航空公司合作

通过海岸公司，携程网直接或间接地与国内多家航空公司实现了合作，并与一些航空公司推出联名卡，实现一站式服务。

4. 收购华程西南旅行社和上海翠明国际旅行社

作为互联网旅游的龙头企业，携程网也对行业内的竞争企业进行了收购与合作，以减少竞争压力，扩充自身实力。对于中商国旅等几家国内著名的传统旅行社，携程网采取了合作战略进行优势互补。旅行社向携程网提供旅游路线与导游，携程网提供客户和技术支持。这样携程网将传统的线下旅游公司的优势充分利用起来，携程网的会员量和业务量得到很大提升。

携程网采取收购战略的对象，包括华程西南旅行社和上海翠明国际旅行社（以下简称翠明国际）。对华程西南旅行社的收购于 2003 年完成，携程网的"酒店预订、机票预订、旅游服务"三大业务板块得以全面建立健全。同年，携程网正式进军自助游市场。2004 年携程网收购了翠明国际。自此，携程网在出境游市场上又夺得一块宝贵的"拼图"。翠明国际规模虽小，营业额不过几百万元，但资质很高，是上海 32 家全资质国际旅行社之一，拥有出境游经营权。携程网通过高级管理层入股的方式将翠明国际收入囊中后，便开始大刀阔斧地开拓海外旅游市场。携程网陆续收购了其他多家国内旅行社，在中国旅游市场上风风火火地开疆拓土，迅速成长为多方面覆盖的旅游服务商业体系。

▶▶ 3.1.3　菜鸟

菜鸟是提升电商物流服务体验的组织，成立于 2016 年 3 月 28 日，由阿里巴巴三大战略业务板块之一的菜鸟网络牵头，联合国内外主要物流合作伙伴组建。

　　菜鸟的愿景是建设一个数据驱动、社会化协同的物流及供应链平台。它是基于互联网思考和技术，基于对未来预测与判断的新型互联网企业。它致力于提供一个在现有物流基础上建立起来的开放、共享的物流基础设施平台，但目前单个的物流企业、电商企业还无法实现。这一平台在未来社会化的物流体系中是必不可少的，这一平台可能实现在中国任何地方 24 小时内送货。为此，菜鸟网络计划分三期建设平台，首期投资 1 000 亿元，希望通过 5~8 年的时间，努力打造一张日均 300 亿元的网络零售网络——"中国智能骨干网"，帮助所有的企业货达天下，同时支持 1 000 万家新型企业发展，创造 1 000 万个就业岗位。由菜鸟网络搭建的"中国智能骨干网"，将通过详尽的互联网技术，通过自建、改造、合作等多种形式，建立一个全国化的、开放透明的数据共享平台，为电子商务公司、物流仓储公司、供应链服务商等各类企业和消费者提供更加高效优质的服务。

　　在物流始端，围绕巨型的仓储中心协调调度快递公司的资源，用大数据实现配送效率的最大化。例如，买家在天猫上下单让位于杭州的商家发货到北京，阿里巴巴在线平台显示，A 快递公司快递员在商家附近，平台会迅速给 A 快递公司快递员发去指令通知去收货，之后 A 快递公司快递员需在指定时间内将货物送至阿里巴巴中转中心。如果此时正好有 B 快递公司的干线车辆要发车去北京，平台会发指令让 B 快递公司的车将货物送去北京中转中心。货物到达北京，平台发现北京中转中心的 C 快递公司正要去买家小区附近，便发出指令由 C 快递公司送货。

　　终端对于"最后一公里"问题的解决，菜鸟试图用自取而非送货上门的方式，因为菜鸟驿站往往设置在小区、学校或工厂附近。菜鸟现在的动作是在四处拿地，建设仓储中心，这些仓储中心与快递调拨中心等是完全不同的，最重要的一点就在于它要作为货物的始发站，这样就减少了货物始发到用户手中之前的流转。在客户下单以后，开始发货的地方离客户更近了，送货速度自然更快，而商家需要根据大数据支持系统完成消费预期，将货物提前运送到各仓储中心，这样来实现生产厂商不再需要仓库的目标。

2017 年 "双十一" 菜鸟完成了十几亿份订单的规划分发，订单量较 2016 年有增无减，但基本没有出现物流堵塞等情况，我国运货量整体水平在提高。在这一过程中，网络规划、前置仓库、物流运输相互配合，提高效率。在 "双十一" 前几个月菜鸟就已经开始准备，通过历史数据分析商品在不同地区的配置量，并与天猫商家合作完成仓库规划，再与各快递公司配合完成配送。以阿里巴巴旗下的天猫淘宝平台为依托，菜鸟掌握着大量订单，而这些订单只会被分给菜鸟的合作快递公司，对于 "四通一达" 等快递公司来说，来自淘宝天猫的订单占其业务量的半数，加入菜鸟可以获得稳定可靠的订单量。但菜鸟的组织网络需要掌握订单的所有信息，这意味着快递公司需要将订单的所有数据（非淘宝系订单）都提供给菜鸟，对于快递公司而言是将核心业务数据拱手于人。

马云强调菜鸟不会去亲自做快递，请各快递公司放心。可是，掌握了始端与终端之后，具体是谁来跑腿，又有谁在意呢？一切具体的快递行为，都成了菜鸟最后算法上的一个解而已。此时，快递公司只能从节省成本的角度实现创收。相比于菜鸟出现之前的情况，快递市场效率较低，各快递公司的订单量也比现在要低，市场上整体物流水平较低，在高峰阶段处理订单的能力不足。菜鸟出现后，将快递市场的资源加以整合，通过大数据全面控制了物流的各个环节。在加入菜鸟之后，快递公司订单量有了提升并且更加稳定，但需要将全部数据披露给菜鸟，以数据换取订单量，这对快递公司日后的发展构成了限制（图 3.4）。

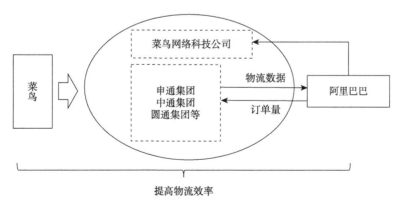

图 3.4　菜鸟的商业模式

▶▶　3.1.4　怡亚通

怡亚通是一家主要从事供应链产品与服务的企业，成立于 1997 年，总部设在深圳。怡亚通与国际接轨较早，企业规模较大，下设 9 家分公司、18 家子公司，企业经营范围不仅局限于国内，而且积极开发海外市场。在国内，其物流配送中心和运营试点遍布全国大小城市。怡亚通拥有自己的技术和资源整合体系，为客户提供物流、商务、信息管理等方面的各种业务，包括外包、采购执行、销售执行等服务。怡亚通将企业独特的商业模式充分体现在业务当中，以互联网为依托，向供应链金融等领域拓展，不断对供应链服务进行创新。

作为国内领先的供应链服务商，怡亚通的核心业务不仅仅涵盖生产型和流通消费型供应链服务，还提供供应链金融服务。怡亚通的资源整合能力体现在以下方面：它可以通过不同的业务平台使不同产业链的成员企业实现供应链不同环节的管理和优化，最大化企业的竞争力和价值。

怡亚通抓住现代企业供应链管理的核心是专注于自身核心业务，将非核心业务外包，对企业的非核心业务提供一站式的供应链管理服务，通过内部、外部的资源整合，实现资源共享，提高怡亚通供应链管理效率。怡亚通的商业生态系统网络具有拓展结构，具有多项核心业务，核心业务的盈利可以辐射周边非核心业务，有助于非核心业务成本的节约，从而获得更多的利益。与此同时，还可以为企业创造更多的市场。横向供应链代表广度，是原料供应商和生产商之间的桥梁；纵向供应链代表深度，是供货商与商品流通场所间的媒介。各节点之间直接或间接关联，从而形成了完整的非单一核心的复杂的怡亚通供应链网络。

根据怡亚通于财务报告内披露的供应链业务（图 3.5），供应链商业生态系统可分为广度供应链、深度供应链及产品整合业务 3 大服务。

对于广度供应链业务而言，采购执行和分销执行是该项业务的主要内容。在采购执行过程中，怡亚通为制造企业垫付原材料采购款项，以减少生产制造企业的资金压力。制造商可进行零库存生产，从而节约了对供应商管理的投入。采购执行省去了原材料供应商与制造商的中间环节，达到直供目的，为制造商节约了大量成本。产品分销执行重点在于流通渠道，从产品生产到最终进入消费者环节，怡亚通与制造商在库

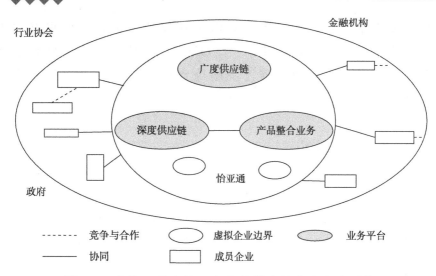

图 3.5 以怡亚通为核心企业的供应链商业生态系统

存、物流信息上做到了无缝对接，使企业更加清晰地掌握市场动态和消费者需求。

对于深度供应链业务而言，在分销层面，通常代理商在获得品牌货物所有权后，会尽力扩大市场份额以获取更多利润。深度供应链业务解决了三、四级市场成本高的问题，把分销渠道直接下沉到各大商场或其他流通场所，直达消费端。

产品整合业务主要包括虚拟生产业务和卖场业务。虚拟生产业务是指企业为降低生产成本，会将加工生产的工作外包给怡亚通。对怡亚通而言，虚拟生产业务是对采购执行和分销执行补充。2008 年，怡亚通引入卖场业务，该业务是深度供应链的前身。2009 年，怡亚通发展这种深度采购、销售及执行业务，在全国各重点城市布局供应链商业生态系统，由广及深整合物流。

怡亚通想要打造的供应链商业生态系统旨在运用整个供应链优势资源，提高供应链运作效率。创造一种动态平衡，让生态圈内的企业通过竞争合作、资源共享，创造更多有益于整个行业发展的新的可能。怡亚通希望通过"O2O 生态战略"创建分销、零售、金融、终端营销和增值服务五大服务平台。实现跨界融合、共荣共生的本质特征。

怡亚通以供应链思维和运作方式，依靠互联网技术将传统经济通过互联网、云计算、大数据等更直观清晰地反映出来，以便更好地进行优化。怡亚通推出的"380 计划""O2O 生态战略"意图联合重货品牌企业、分销商、物流商、零售终端等合作伙伴，打造全球供应链商业生态圈。

▶▶ 3.1.5 奇虎 360

奇虎 360 采用了当下互联网平台广泛采用的免费增值（freemium）的商业模式。免费增值是免费（free）与增值服务（premium）的结合，采用这种方式的平台一般通过免费服务吸引用户，在有了用户基础之后，增加一些收费服务以获取盈利。当然，除了通过对用户部分服务获利，前期的主要盈利来自广告投放。

免费增值的商业逻辑并不复杂，先通过免费服务获取用户和流量，根据平台流量吸引广告投放者在平台上投放广告，从而获取资金来源。再通过增值服务收取会员费等方式从用户身上获得资金。一个平台连接多方，为一方提供免费服务的同时从其他方获得资金。

奇虎 360 是一个定位在维护网络安全的"免费安全"公司。根据网民对一个安全的网络环境的需要，奇虎 360 为客户免费提供网络安全防护软件，聚集起海量用户。然后，奇虎 360 通过浏览器平台和 360 应用开放平台对海量用户进行相互转化，构建起免费服务与盈利间的通道。

如图 3.6 所示，奇虎 360 的商业模式可分成 4 个层面：第一层的 360 安全卫士、360 杀毒等产品是为奇虎 360 带来广大用户基础的起家产品，这些产品都是免费开放的；第二层中，这些基础产品吸引到的用户会被顺势导入奇虎 360 的两大平台——浏览器平台与 360 应用开放平台，这两大平台中包含了一些盈利渠道，可以提供一些增值服务；第三层是这两大平台下的细分服务，包括 360 网址导航、游戏导航、应用商店等；第四层表现了奇虎 360 的变现方式，主要为广告和互联网增值服务。

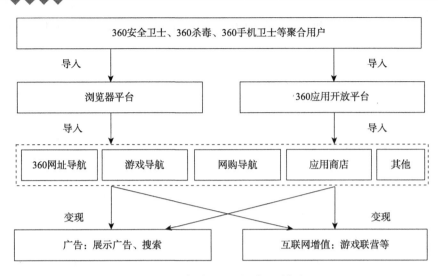

图 3.6　奇虎 360 的商业模式

（1）浏览器平台。浏览器平台包括极速和安全两类，前者主打运行速度，后者主打网络安全。浏览器平台的盈利方式主要包括广告、流量导入费及收入分成三种形式。

（2）360 应用开放平台。360 应用开放平台包括 360 安全桌面、360 软件管家、360 网页应用商店和 360 手机应用商店（图 3.7）。其盈利模式与浏览器平台有所差异。

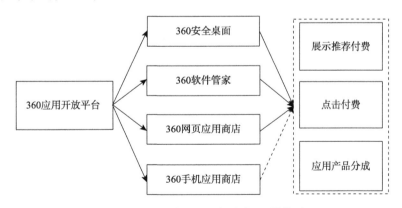

图 3.7　360 应用开放平台盈利模式

以 360 软件管家为例，在打开相应界面后会看到推荐位有广告展示，展示推荐会收取一定费用，而在用户点击推荐应用后，奇虎 360 会按点击次数向应用提供商收费；当用户使用付费应用后，奇虎 360 会与应用开发商分成。因此 360 应用开放平台存在着"展示—点击—分成"的盈利模式。

▶▶ 3.1.6　方兴

方兴地产有限公司（以下简称方兴）是中国中旭集团旗下致力于房地产和酒店业务的优势企业。公司业务板块包括房地产开发、物业经营和酒店投资。方兴定位于一线城市、黄金地段的高端标志性项目，致力于优质物业的开发和持有。

2015 年 5 月 20 日，方兴与腾讯正式宣布达成深度战略合作。2015 年 5 月 23 日，方兴旗下的北京亦庄金茂悦项目举行了"智慧家"落地计划的发布会，更进一步诠释了方兴在"智慧家"计划中对于"智慧住区"这个试点项目的详细规划。未来，腾讯旗下产品如 QQ、微信等都会与方兴开展合作，腾讯会员、游戏、汽车等全系列网络产品技术也将被纳入合作范围，通过实际住宅与互联网技术的合作，双方将共同探讨"智慧家"住宅区的建设方案。

纵观整个互联网和房地产行业的发展变化，在"互联网+"大势下，行业融合已慢慢变成了新常态。已经有不少房企开始试水"互联网＋房地产"的市场，或许即将开启智慧房产时代。2014 年，被业内人士称为房地产的互联网元年。截至 2014 年 10 月，中国移动互联网用户已达到 8.74 亿个，庞大的市场用户量让很多房企开始认识到与互联网结合的必要性和紧迫性，于是众多房企开始跨界，试水"互联网＋房地产"的市场。例如，阿里巴巴与万科联合在天猫"双十一"活动中推出的网上购房专区，万科将 108 个楼盘在天猫上以 8.9 折销售；方兴也联合 6 大合作商整合资源推出"24 小时光盘节"，通过线上、线下模式在"双十一"推出 11 城 4 400 套房源。从此，便开启了房产结合互联网的新篇章。方兴与腾讯的合作首次将科技住宅、智慧生活等概念推向实战层面。该项目在产品端、服务端和云服务端都做了相应部署：产品端，选取亦庄区域一未开发地块作为试点，来自方兴和腾讯多个部门的核心业务骨干共同组成该项目的创新团队群，从产品设计开始进行一系列系统规划，升级原有绿色科技产品，力图打造全新的智慧住宅；服务端，重点提供一站式个性化房地产金融服务，优化已有房地产金融流程；云服务端，接入腾讯社交、游戏、汽车、娱乐等产品，为住户提供更加方便多样化的互联网服务。

方兴提出的"智慧住宅"概念由精及广包括智慧家居、智慧社区和智慧工程三方面。微观方面的智慧家居主要由不同功能的家居产品和互联网服务系统来实现，包括感应、物联、魔镜、健康、安全、娱乐、照明、控制八大系统。智慧社区涉及移动端的通信、支付、物业三大板块。智慧工程是该项目的一大亮点，方兴试图将一直停留在概念层面的智能系统切实地应用到整个工程的建造当中。在方兴已有的绿色科技控制系统中，融入智能芯片、微信身份、云端存储智慧建材等一系列产品。同时，在构造智慧社区时，会应用智能门禁系统、智慧音乐、智慧相册等实现智慧客厅、智慧社区。最终实现一种让家具通过感知人的身体状况和需求来自动改善居住环境的智能体验。例如，智慧温湿度系统会在业主不在家时自动调节到最低耗状态；遮阳系统会在业主到家时自动开启，房间的通风系统也会根据室内环境数据自动调整，保证房间内有充足的新鲜空气。

金茂悦社区主打健康养老，智慧住宅的硬件配置经过层层升级，已深入住户的生活细节之中。例如，项目根据业主的日常活动建立个人健康档案，并在装修过程中融入日常血压血脂检测的健康可穿戴设备。这样，业主尤其是老年人可以不用去医院，在家中完成个人健康检查获得健康数据。在下一步构想中，这些健康数据可以跟三甲医院联通，完成智能联动，全面看护业主的健康状况。

金茂悦项目的服务端产品也是一个重要战略环节，方兴将进一步勾画社区互联网+房地产金融蓝图。通过与互联网企业合作，方兴推出 9 大金融产品，涉及房贷、房筹、再贷款、家居、旅游等服务。此外，互联网金融贷款、理财等模式也贯穿房地产交易的各个环节。在与腾讯的合作中，方兴对 QQ 会员给予特殊优惠，会员级别越高享受的折扣越大。腾讯游戏旗下多款重磅产品齐力出击，打造最全最酷炫的娱乐计划。此外，方兴还联合一款游戏，进行线上、线下等一系列有趣的活动。

亦庄金茂悦楼盘在 2015 年开盘均价为 35 000 元/米^2，之后一路上涨，2018 年开盘均价已达 68 000 元/米^2。智能家居企业与房地产企业的合作是未来房地产转型和发展的趋势。地产行业黄金时代已过去，房企们的转型迫在眉睫。过去，房企们一直在努力拥抱互联网。国内知名的品牌房企均已经涉足智慧型产业，正运用互联网思维打造更加符合时代需求的家居空间。对于互联网公司来说，把握下一个创新革命的突破点，找到接入时代的连接一切的入口是重中之重。第一代互联网入口是以传统的个人计算机互联网为依托，第二代以智能手机为载体，行业巨头的崛起都是很好地把握了每一代入口，下一代的入口究竟在哪里？社区被认为是规模和效应最适合的连接点，包含了很多可能的入口。对于大的互联网公司来说，需要广泛地布局，触及各个领域，避免错过入口。可以预料的是，在不久的未来，将有越来越多与智能化相关的家居产品和设施走入人们的生活。

3.2 案例总结

通过以上案例分析可以发现，相对成熟的企业都开始从商业生态系统的角度考虑其商业模式。在业务拓展方面，这些企业更倾向于利用外部资源而非自身资源。川航、携程网、菜鸟、怡亚通及奇虎 360 等都是具有一定规模的企业，自身经济实力雄厚，有能力调动周边资源。在其拓展新业务的过程中，作为商业模式中的核心企业，它们更愿意通过整合上、下游，或者其他行业资源，将其纳入自身经营体系来降低交易成本并创造业务价值。在这一过程中，作为稳定影响者的宏观政策、商业环境和商业法规等条件在短期内变动较小，但在目前互联网经济兴起的风口，以互联网技术为依托的经济发展已成为未来的发展趋势。这种商业环境的改变已融入并体现在了这些企业的发展策略之中。中间影响者的构成更加多元化，除了消费者、供应者、竞争者和投资者之外，还包括其他配套设施的提供者，如携程网通过并购现代运通和海岸公司后与酒店及航空公司的间接合作。直接影响者是业务拓展成功与否的关键，在新的商业模式下通过与其他利益相关者的合作，核心企业的产品生产、服务和迭代能力（统称为产品能力），资源整合能力及内部管理能力是否得到提升，决定企业是否能够创造新的商业价值。携程网通过对酒店、航空公司、旅游景点等资源的整合，为客户提供更便捷和多样化的旅游选择；菜鸟通过对快递行业的统一调配提高了物流效率；怡亚通作为供应链管理服务企业，为供应链上的企业提供更加便利的金融服务；奇虎 360 作为互联网信息平台，通过免费增值服务连接消费者和广告商，满足多方需求。其价值主张都是为客户提供更好更全面的产品和服务（图 3.8）。

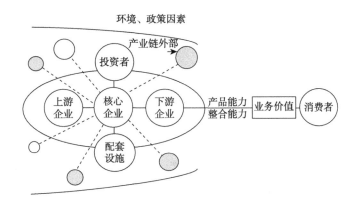

图 3.8　商业生态系统框架

3.3　商业模式动态分析框架

▶▶　3.3.1　分析框架构建

商业模式是支撑业务战略和业务计划的，或者可以说，商业模式是实现销售的交易，是一个把价值变成生意的交易过程。其实，往往难以分析一个企业的商业模式。大多数企业都有不止一个业务，不同的业务，一般而言，需要对应不同的商业模式，不同的业务会涉及不同的供应商、消费者、竞争者及强度不同的内部资源分配。甚至不同业务的商业逻辑也不尽相同，因为商业逻辑是基于业务的本质，强调业务价值的基点和目的，参考该项业务所处行业的商业规律，通过设计或改变业务要素的性状和业务要素间的关系实现价值的过程，实质是关于竞争的策略和手段。

如图 3.9 所示，正如自然界中的寄生、拮抗等现象存在一样，商业生态系统中，要想实现处于不同生态位上的合作者的动态的协同进化，要求一对一双向间的交易是互利竞合关系；从系统角度，多次这样的互利交易，使得商业生态系统从整体角度实现了均衡和持续的发展；这个交易结构支持一种持续的交易过程，不断创造出新的业务价值；支持这种持续交易的商业生态系统中的每一个利益相关者，都在分配这个价值。这里所提出的互利交易结构，强调的是围绕商业生态系统核心价值，构建出来的紧密和主动的交易结构。有别于传统意义上的非等价交易，更突出价值的交易，而非简单地呈现于价格层面。

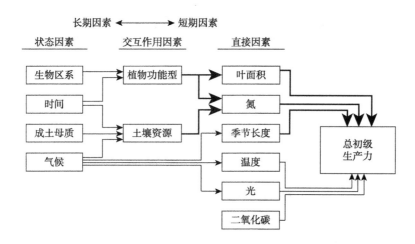

图 3.9　生态系统协调进化图

在商业生态系统中，我们对一个企业所拥有的每一个业务的分析，离不开四个核心要素，即稳定影响者、中间影响者、直接影响者及业务驱动者。

稳定影响者是指这一业务（符合商业逻辑的真实业务）所感知到的影响商业生态系统均衡和持续发展的宏观政策、商业环境和商业法规等。这些因素对业务的影响是相对长期的，应用商业模式研究的冰山理论，稳定影响者是水面之上的显性因素，对这一业务中所有的利益相关者都是应知且能知的。中间影响者主要包括业务相关的消费者、供应者、竞争者和投资者，他们之间的相互影响，反映的是同一商业生态系统中种群间的相互关系。在一个特定商业生态系统中，相关企业会根据商业逻辑处于不同的生态位上，其间关系是"物种间"紧密的竞合关系。直接影响者包括业务所及的产品生产、服务和迭代能力（统称为产品能力），资源整合能力及内部管理能力，是企业内部围绕目标业务所进行的资源配置的方向。企业内部资源是有限的，正如自然生态系统中物质、能量和信息的有限性一样，不同种群一定会就此展开强烈的竞争；不同业务需要在"种群"间进行竞争，以争夺更多的可利用资源。企业的业务单元，恰似自然生态系统中物种的活动构成系统发展的基本要素；围绕具体业务单元管理者所秉持的商业逻辑、团队和资产配置及机制保障等，是构成商业模式的直接驱动者，也是最终业务价值的集中体现。

如图 3.10 所示，政策、宏观、行业和技术环境，会对消费者、供应者、竞争者和投资者分别或共同产生影响，影响到这些中间影响者的消费行为，影响到企业特定业务的供应链质量，影响到不同"生态位"的竞争者的竞争能力，影响到投资者的投资意愿。而这些影响会经由该业务所处的商业生态系统的物质、能量和信息流，与业务直接相关的产品研发能力、生产能力、服务能力及迭代能力产生部分或全部的耦合效应，与相关的生态系统内部各个利益相关方的资源整合能力通过互利的交易过程（这些互利交易过程会不断地、连续地发生），对企业不同业务（"种群间"）的各类资源分配产生内部的博弈，进而深刻地体现在业务自身的真实价值上，并将这一价值反馈给商业生态系统的各个利益相关者，使得商业生态系统得以协同进化。可以看出，业务价值在商业生态系统中的传递，一定遵循那些连续不断的互利交易。一旦这些交易过程被各种因素所干扰，就会对整个由特定业务所构建的商业生态系统的稳定和进化产生影响，以至于所有利益相关者都会基于自身利益而共同维护这些互利交易结构。

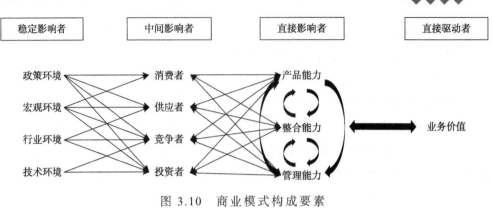

图 3.10　商业模式构成要素

▶▶ **3.3.2　分析框架验证**

　　通过前面分析，本书认为商业模式是在基于目标企业所构建的商业生态系统中，针对一个业务进行的一系列符合商业逻辑的互利交换，进而实现业务所带来的价值目标。

　　由于商业模式是渗透在整个商业生态系统中的一套复杂的价值创造机制，需要将商业模式划分为不同的部分分别进行具体研究。为了能更加客观全面地认识商业模式的构成要素，本书通过问卷设计和问卷调查的方法进行探究。由于商业模式没有固定具体的结构框架，大多数分析只停留在定性层面，通过问卷调查可以将定性表述进行量化处理，以方便进行科学严谨的定量研究。因此，问卷调查方法在社会学、心理学等领域被广泛应用。

　　1. 量表开发与描述性统计

　　根据国内外已有文献进行文献研究，并在此基础上进行适当修改，以得到符合本书的具有较高信度和效度的问卷。为更好地进行问卷量化，本书所有问题均采用 Likert 五级量表。商业模式构成要素 4 个维度（稳定影响者、中间影响者、直接影响者和直接驱动者）的测量题项如表 3.1 所示。本书根据这 4 个维度及其内涵设计商业模式构成要素识别的问卷，问卷共包括测量题项 14 个，其中稳定影响者维度包含测量宏观环境及政策的 4 个题项，中间影响者维度包含测量企业与消费者、供应者及竞争者等关系的 4 个题项，直接影响者维度包含企业产品能力、整合能力等 3 个题项，直接驱动者包含 3 个题项。

表 3.1 商业模式测量题项

维度	测量题项	来源
稳定影响者	企业的商业模式应考虑国际和国内政策环境	Christensen（1997）
	企业的商业模式应考虑宏观经济发展周期	
	企业的商业模式应考虑行业环境	
	企业的商业模式应考虑技术环境	
中间影响者	消费者关系是商业模式发展的基础	本书设计
	供应者关系是商业模式发展的保障	
	竞争者关系是商业模式发展的动力	
	投资者关系是商业模式发展的条件	
直接影响者	企业产品能力决定了商业模式发展方向	王新伟和王振洪（2004）
	企业整合能力决定了商业模式发展持续性	
	企业管理能力决定了商业模式发展韧性	
直接驱动者	企业商业模式应实现顾客价值	Johnson 等（2009）
	企业商业模式应实现企业价值	
	企业商业模式应实现企业愿景	

本书开展问卷调查的方式可以归纳为两个步骤。第一个步骤是对调查主体的说明，即本书在设计调查问卷时，在问卷的第一部分对本书研究涉及的研究主体——商业模式的定义进行了介绍，这样设计的目的是让被调查者更好地了解商业模式的内涵，从而更好答题；第二个步骤是通过量表形式收集被调查者对于商业模式构成要素的认可程度。以上两个步骤可以让被调查者了解该调查的目的，以便被调查者更好地理解问卷问题，减少由于题意理解不清造成无效答案的影像调查结果。在调查过程中，考虑到本书的目的和项目组实际情况，自 2018 年 1 月 15 日开始在北京、广东、辽宁和山东等省市向 120 家企业发放问卷，截至 2018 年 2 月，共回收问卷 334 份，通过删除重复问卷及无效问卷后，本书通过

问卷调研获得的最终有效问卷为 303 份，可见问卷回收有效率为 90.72%。样本的基本统计情况如图 3.11 和表 3.2 所示。

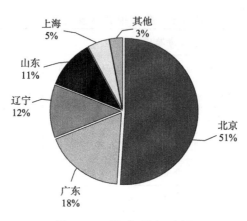

图 3.11　样本所在区域

表 3.2　样本描述统计

指标		比例	指标		比例
成立年数	2 年及以下	8.6%	经营类型	生产商	33.0%
	3~5 年	12.2%		销售商	8.9%
	6~10 年	13.5%		服务商	43.6%
	11~15 年	13.5%		其他	14.5%
	16 年及以上	52.1%			
员工数量	100 人及以下	35.3%	发展阶段	发行和生存阶段	13.2%
	101~300 人	23.8%		成长或快速发展阶段	50.5%
	301~500 人	12.5%		成熟和稳定阶段	33.3%
	501~1 000 人	8.6%		衰退阶段	3.0%
	1 001 人及以上	19.8%			
企业性质	国有企业	53.1%	产品满足顾客需求层次	生理需求	12.5%
	民营企业	33.7%		安全需求	25.7%
	中外合资企业	2.6%		社交需求	13.5%
	外资企业	2.3%		尊重需求	9.9%
	其他	8.3%		自我实现需求	38.3%

表 3.3 显示商业模式构成要素各题项的样本量、均值、标准差、偏度和峰度等统计分析结果，对这些指标进行分析具有重要作用，是本书进行下一步分析的前提，也是对后续研究影响极为重要的一步。通过对量表回收数据指标的统计分析，可以判断这些数据是否服从正态分布。根据 Kline（1989）的观点，题项数据的偏度和峰度应该保持在一定的范围内，才能保证样本的正态分布，对于前者，一般认为其绝对值应该小于 3，而后者其绝对值应该小于 10。表 3.3 显示，商业模式构成要素识别各题项的均值最小值为 2.84，标准差最大值为 1.175。从偏度和峰度来看，均达到标准，由此可见，本书设计的关于商业模式构成要素识别的调查问卷是服从正态分布的，因此可以进行下一步分析，如进行信度和效度分析等。

表 3.3　商业模式构成要素题项的描述性统计分析

题项	样本量	均值	标准差	偏度		峰度	
				偏度值	标准误差	峰度值	标准误差
政策法规	303	4.04	0.941	−0.699	0.234	−0.103	0.463
宏观环境	303	3.80	0.926	−0.832	0.234	0.932	0.463
行业规范	303	3.85	0.845	−0.570	0.234	0.886	0.463
技术环境	303	4.18	0.845	−1.019	0.234	1.188	0.463
消费者关系	303	4.06	0.909	−1.032	0.234	1.241	0.463
供应者关系	303	3.60	1.089	−0.837	0.234	0.359	0.463
竞争者关系	303	2.84	1.175	0.031	0.234	−0.770	0.463
投资者关系	303	3.41	1.107	−0.791	0.234	0.136	0.463
产品能力	303	3.93	0.785	−0.105	0.234	−0.826	0.463
整合能力	303	3.73	0.927	−0.660	0.234	0.625	0.463
管理能力	303	3.75	0.881	−0.494	0.234	0.065	0.463
顾客价值	303	4.03	0.795	−0.855	0.234	1.415	0.463
企业价值	303	4.11	0.805	−0.871	0.234	1.245	0.463
企业愿景	303	4.11	0.781	−0.684	0.234	0.249	0.463

2. 信效度检验

1）信度分析

信度分析也称为可靠性分析，即表示研究可重复操作的程度。Cronbach's α 系数是目前最常用的信度系数，其公式如下：

$$\alpha = \frac{k}{k-1}\left[1 - \frac{\sum_{i=1}^{k}\sigma_i^2}{\sigma_T^2}\right] \qquad (3.1)$$

一般认为，如果量表是可靠的，那么其 Cronbach's α 系数要求大于 0.7。表 3.4 显示了变量的可靠性分析结果。可以看出，各个分项的值都大于 0.7，且整个量表的总体值为 0.966，可见本次问卷的信度是可靠的。

表 3.4 变量的可靠性分析

维度	潜在变量	总体相关系数	删除项后 Cronbach's α 系数	Cronbach's α 系数
稳定影响者	政策法规	0.507	0.729	0.759
	宏观环境	0.569	0.849	
	行业规范	0.628	0.799	
	技术环境	0.672	0.764	
中间影响者	消费者关系	0.674	0.732	0.768
	供应者关系	0.661	0.641	
	竞争者关系	0.560	0.663	
	投资者关系	0.527	0.740	
直接影响者	产品能力	0.538	0.782	0.738
	整合能力	0.643	0.750	
	管理能力	0.622	0.778	
直接驱动者	顾客价值	0.705	0.864	0.872
	企业价值	0.825	0.752	
	企业愿景	0.736	0.836	
总体				0.966

2）效度分析

根据 Selltiz 等（1965）的观点，效度是检验量表是否可取的有效指标，效度越高，测量结果越能表现出被测对象的真实特征。表 3.5 展示了变量的效度检验，由此可见本书各量表结构效度表现均比较良好，其 KMO 测度值都大于 0.7，而且 Bartlett's 检验值也都小于 0.000 1。由分析结果可以知道，因子分析的结果与问卷变量分类大体上是一致的，这说明在理论逻辑上本书的所有量表是较为合理的。

表 3.5 变量的 KMO 测度值与 Bartlett's 检验值

变量	KMO 测度值	Bartlett's 检验值	
		卡方检验	显著性
稳定影响者	0.720	35.997	0.000

续表

变量	KMO 测度值	Bartlett's 检验值	
		卡方检验	显著性
中间影响者	0.761	18.567	0.000
直接影响者	0.837	89.541	0.000
直接驱动者	0.746	167.039	0.000
总体	0.826	454.614	0.000

3. 验证性因子分析

根据以上分析，商业模式由 4 个潜在变量构成，分别是稳定影响者、中间影响者、直接影响者和直接驱动者。其中稳定影响者和中间影响者分别有 4 个测量变量，直接影响者和直接驱动者分别有 3 个测量变量。验证性因子分析模型如图 3.12 所示。

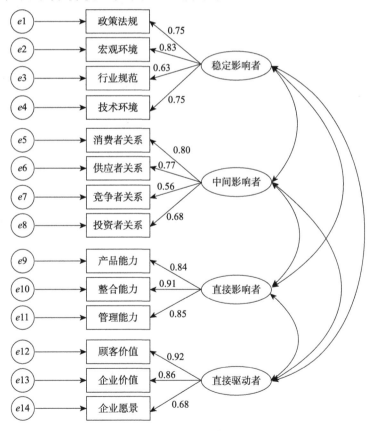

图 3.12 商业模式构成要素验证性因子分析模型

四舍五入到两位数

按照 t 规则，该验证性因子模型一共有 14 个测量指标，模型需要估计的参数为 34 个，由于 34<q（q+1）/2=91，因此模式识别的必要条件是满足的，同时该模型也满足验证性因子分析模型识别三指标法则。综上所述，模型是可以识别的。

使用 Amos 软件，以固定负荷法为基础分析了模型，结果如表 3.6 所示。从绝对拟合指标来看，χ^2 / df =4.864，$p<0.01$，已达到了显著水平。因为卡方检验的局限性，所以接着对其他指标进行检验。由表 3.6 可以看出，指标 GFI=0.911，指标 AGFI=0.878，基本上达到规定的门槛值，即 0.9。同时再从指标 RMSEA 来判断，其值为 0.039，一般而言，当 RMSEA 的值小于 0.08 时，认为是可以接受的，因此从总体上看，模型是可以接受的。更进一步，从相对拟合指标来看，指标 IFI=0.933，指标 CFI=0.933，指标 NFI=0.918，都高于接受值 0.90。通过对以上指标的检验，可以看出，由于具有良好的拟合度及建构效度，商业模式构成要素的因子模型是可以接受的。

表 3.6　商业模式验证性因子分析模型结果

潜变量	测量条款	标准化系数	t 值	R^2	构建信度（C.R.）	均方差
稳定影响者	政策法规	0.747		0.486	0.841	0.571
	宏观环境	0.834	9.999***	0.539		
	行业规范	0.634	10.657***	0.496		
	技术环境	0.753	10.490***	0.762		
中间影响者	消费者关系	0.796		0.441	0.845	0.580
	供应者关系	0.769	15.782***	0.479		
	竞争者关系	0.555	18.630***	0.731		
	投资者关系	0.677	18.045***	0.667		
直接影响者	产品能力	0.837		0.607	0.913	0.638
	整合能力	0.908	22.947***	0.653		
	管理能力	0.849	25.189***	0.755		
直接驱动者	顾客价值	0.923	13.947***	0.861	0.868	0.689
	企业价值	0.861	13.896***	0.741		
	企业愿景	0.683	12.308***	0.466		

拟合优度指标：χ^2 =544.756，df=112，$p=0.000$

χ^2 / df =4.864

GFI=0.911；AGFI=0.878；NFI=0.918；

IFI=0.933；CFI=0.933；RMSEA=0.039

***表示 $p<0.01$

注：列 t 值者为参照指标，是限制估计参数

对个别指标的信度评估，由表 3.6 可得，尽管部分测量项目如政策法规、行业规范、消费者关系等其信度 R^2 小于 0.5 的标准，但从各个指标的标准化负荷系数来看，除竞争者关系这一测量项目的标准化负荷系数为 0.555，其余测量项目的标准化负荷系数都超过了 0.6，且所有标准化系数均在水平 $p<0.01$ 下显著，因此，这 14 个指标可以作为商业模式 4 个构成要素的测量指标。此外，从建构信度来看，如表 3.6 所示，4 个潜在因子的构建信度值分别为 0.841、0.845、0.913 和 0.868，均超过 0.6，表明良好的内部一致性在各潜变量的测量中表现出来，信度指标都可以接受。

对于聚合效度，如表 3.6 所示，各个潜变量所属因素负荷都大于 0.5 的接受标准，说明该研究量表潜变量具有聚合效度。另外，从表 3.6 还可以得到，各个潜变量提取的均方差最小值为 0.571，超过了 0.5，表明各变量的测量具有足够聚合效度。对于区分效度，各因子两两配对，得到 6 对区分效度的检验，这 6 对配对值的差都达到了显著水平（$p<0.01$），验证阶段的 3 个因子具有良好的区分效度。限制模式与未限制模式两者的 χ^2 值的差值、显著性如表 3.7 所示。

表 3.7　因子之间限制模式与未限制模式两者的 χ^2 值的差值及显著性

两两配对因子	未限制模型		限制模型		χ^2 值之差及显著性		
	χ^2 值	df 值	χ^2 值	df 值	χ^2 值之差	df 值之差	显著性
稳定影响者-中间影响者	109.784	19	139.835	20	30.051***	1	0.000
稳定影响者-直接影响者	169.077	35	251.244	36	82.167***	1	0.000
稳定影响者-直接驱动者	82.253	14	107.464	15	25.211***	1	0.000
中间影响者-直接影响者	175.835	35	202.041	36	26.206	1	0.000
中间影响者-直接驱动者	95.784	14	121.708	15	25.924***	1	0.000
直接影响者-直接驱动者	120.596	27	183.013	28	62.417***	1	0.000

***表示 $p<0.01$

3.4　本章小结

在全球化以及知识快速更新的今天，商业模式是企业维持竞争优势的关键。处于商业生态系统中的企业不断与系统中其他参与者互动，那么这些企业的商业模式如何刻画是本书关注的问题。本章在相关研究的基础上，结合生态学和资源基础相关理论，对商业模式概念进行界定。本书认为商业模式是在基于目标企业所构建的商业生态系统中，针对一个业务进行的一系列符合商业逻辑的互利交换，进而实现业务所带来的价值目标。通过对川航、携程网、菜鸟等六个企业现有商业模式案例进行总结，提出商业生态系统下商业模式构成要素及分析框架，认为商业模式分析需考虑稳定影响者、中间影响者、直接影响者和直接驱动者四要素，其中稳定影响者主要是指政策环境以及宏观经济环境和行业环境等；中间影响者是指与企业业务开展相关的消费者、供应者、竞争者及投资者等；直接影响者是指企业生产的产品能力、整合资源能力及内部管理能力等；直接驱动者是指企业的业务价值等。在构建了商业生态系统下商业模式的分析框架后，设计量表并运用验证性因子分析对该分析框架进行验证。

第4章　商业模式对企业绩效影响研究

本书在第 3 章构建了商业生态系统下商业模式的分析框架，并进行了验证。企业的商业模式是为企业获取持续竞争优势（即企业赢得利润）而生的，因此一个合适的商业模式与企业的绩效息息相关。本章将要进行研究的问题便是在商业生态系统视角下的商业模式是否会为企业带来绩效的提升，以及如何影响企业的绩效。为回答这一问题，本章首先构建商业模式影响企业绩效的概念模型，该概念模型包含商业模式和企业绩效构成要素。根据第 3 章的分析，商业模式的构成要素包括稳定影响者、中间影响者、直接影响者及直接驱动者。企业绩效根据相关研究用企业的市场绩效和财务绩效来衡量，前者衡量了企业的市场地位及品牌建设等，后者衡量了企业获得的利润。其次在概念模型构建的基础上进行量表开发，设计问卷并通过调查搜集原始数据，再利用检验后的数据对概念模型进行实证分析。

4.1　概念模型构建

商业模式的研究自 20 世纪 90 年代网络的快速发展而逐渐成为学界和业界关注的焦点。学者和企业家对商业模式内涵的理解也不尽相同，但被广泛认同的关于商业模式概念的理解是"商业模式为企业创造价值"。在这一理解中，商业模式被认为是企业用来分析其如何在价值链中定位从而获取利润的工具（Chesbrough and Rosenbloom，2002）。具体内涵包括为创造价值而对企业进行的一系列设计，包括交易内容、结构和管理等（Zott and Amit，2007）。同时，应用商业模式时，企业也会从顾客定位、客户价值、盈利模式等角度出发思考企业向顾客传递的价值（Magretta，2002）。可以说，商业模式贯穿企业创造价值获取利润始终，是企业运营管理的核心要素。正如前文所提到的，商业模式的构成要素有客户细分、价值主张、创造价值的渠道及所需资源等（Osterwalder and Pigneur，2010）。但本书基于商业生态系统视角，将商业模式划分为稳定影响者、中间影响者、直接影响者和直接驱动者四个构成要素，并在第3章进行验证并通过。

现有关于商业模式与绩效的研究普遍认为商业模式能够提升企业绩效。例如，Amit 和 Zott（2001）分析美国和欧洲电子商务上市公司商业模式与企业绩效的关系，研究结果表明，新的商业模式会为企业带来新的价值。随后 Zott 和 Amit（2002）进一步对商业模式与企业绩效的关系进行了探索，认为具有效率性、新颖性的商业模式能给企业带来更多的市场价值。Zott 和 Amit（2007）以创业企业为研究对象，分析了创新导向型和效率导向型这两种商业模式对企业绩效的影响，得出前者对企业绩效影响更为显著的结论。Mitchell 和 Coles（2003）的研究表明，企业的商业模式会提升企业多方面的绩效，包括销售和利润等。Giesen 等（2007）的研究表明，好的商业模式可以为企业扩大市场范围或者创造新的市场，从而提升企业的价值。Patzelt 等（2008）以德国生物技术企业为研究对象，认为在不同商业模式下，企业高管团队特征对企业绩效的影响也不同。罗倩等（2012）的研究表明企业绩效与商业模式和企业战略的匹配有关，如商业模式与竞争战略的高度匹配会带来企业盈利的显著提升。Brettel 等（2012）基于 Zott 和 Amit（2007）的研究，在商业模式理论中新增加了关系营销整合，扩展了研究结论，得出创新导向型和效率导向型两种商业模式均能有效影响企业绩效。Hu（2014）的研究表明，在组织学习的中介作用下，商业模式对企业技术创新绩效有显著影响。

综合上述分析，现有学者已经对商业模式与企业绩效之间的关系展开了较为丰富的研究，但是商业模式是一个包含多种要素的机制设计，其影响企业绩效的机理及路径如何，目前鲜有研究涉及。本章根据前文商业生态系统视角下商业分析框架的建立，试图从商业模式的构成要素出发，探索商业模式对企业绩效的影响机制。

▶▶ 4.1.1 稳定影响者与企业绩效的关系

根据前文分析，本章将稳定影响者的含义概括为企业业务（符合商业逻辑的真实业务）所感知到的、影响商业生态系统均衡与持续发展的宏观政策、商业环境和商业法规等。同时，这些因素对业务的影响是相对长期的。在新常态下，经济发展渐缓，企业发展水平下降，国家实施积极的财政政策，市场也发生快速变化，消费者的需求也发生极大的变化，服务行业成为高速发展的行业，而实体经济增长缓慢。随着市场经济转型，行业结构发生诸多变化，行业内竞争加剧，企业自身经营也会受到宏观经济环境及行业市场环境的冲击。因此本书认为，宏观环境与政策、行业因素及商业环境和商业法规等均会对企业的发展造成影响，进而影响企业绩效，因此，本书做出如下假设。

H4.1：稳定影响者对企业绩效具有显著的正向影响。

H4.1a：稳定影响者对财务绩效具有显著的正向影响。

H4.1b：稳定影响者对市场绩效具有显著的正向影响。

▶▶ 4.1.2 中间影响者与企业绩效的关系

根据商业模式分析框架，本书认为中间影响者主要包括业务相关的消费者、供应者、竞争者和投资者，它们之间会相互影响，反映同一商业生态系统中种群间的相互关系。在一个特定的商业生态系统中，相关企业会根据商业逻辑而处于不同的生态位，其间关系是"物种间"紧密的竞合关系。在商业生态系统下，企业依托生态系统管理整合内部和外部资源，从而提升其核心竞争力，促进企业绩效的提升。在商业生态系统下中间影响者的本质是连接企业内部与外部组织之间的供给和需求。Armistead 和 Mapes（1993）以英国制造企业为研究对象，研究结果表明企业与生态系统其他各成员的合作程度以及对资源的整合程度对营运绩效和产品质量都有明显的影响。Luo 等（2004）以我国 262 家企业为研究对象，研究了企业和政府部门关系、客户关系、商业伙伴关系对企业绩效的影响，认为这个关系有助于企业拓宽人力和财力等渠道，有助于企业降低成本、赢得占领市场机会，从而促进企业绩效提升。Fynes 等（2005）以制造商为研究对象，研究得出企业间的合作协调关系有利于促进企业的动态绩效。孙晓静（2008）研究了客户关系和供应商关系对企业绩效的影响，得出这些关系与企业绩效正相关的结论。李晓明等（2013）的研究表明，企业上下游关系的整合有助于企业降低成本、优化运营环节，促进企业绩效改善。基于以上分析，本书做出如下假设。

H4.2：中间影响者对企业绩效具有显著的正向影响。

H4.2a：中间影响者对财务绩效具有显著的正向影响。

H4.2b：中间影响者对市场绩效具有显著的正向影响。

▶▶ 4.1.3 直接影响者与企业绩效的关系

商业生态系统视角下商业模式的直接影响者要素包括业务所及的产品生产、服务和迭代能力（产品能力），以及资源整合能力及内部管理能力，是企业内部围绕目标业务所进行的资源配置的方向。根据资源基础理论，由于企业资源并不是取之不竭的，正如生态学中自然生态系统中的资源（物质、能量等）的稀缺性一样，不同生物群体之间为抢夺资源而展开竞争，企业之间以及企业内部不同的业务势必会为了获得更多的资源而进行争夺。根据资源基础学说，整合内外部资源及提高能力是企业存在的意义，根据资源基础学说的竞争异质性，企业内部资源是企业维持竞争优势、获取企业利益的关键，其中物质资源和财务资源是基础中的基础。Brush 和 Chaganti（1999）的研究表明企业资源与企业绩效之间存在显著的正相关关系，但不同的资源对企业绩效促进作用效果不同。边燕杰和丘海雄（2000）以广州市 188

家企业为样本，研究得出企业组织资源可以有效改善企业地位的结论。Wiklund 和 Shepherd（2005）以零售业、服务业及手工制造业为研究对象，研究表明，难以模仿的企业知识资源是企业提升绩效的关键。Keister（2009）的研究表明，企业内部跨部门的合作能够更好地实现知识共享，降低生产成本，为企业创造更多的价值。杨希若（2012）指出，企业创造一切价值活动的基础就是资源，且企业在价值链上的定位也取决于其资源配置的方式，有效的资源配置以及内外部资源整合，能够提升企业组织决策效率，提高企业价值创造能力，有助于维系长期的客户关系等，从而提升企业绩效。基于此，本书做出如下假设。

H4.3：直接影响者对企业绩效具有显著的正向影响。

H4.3a：直接影响者对财务绩效具有显著的正向影响。

H4.3b：直接影响者对市场绩效具有显著的正向影响。

▶▶ 4.1.4 直接驱动者与企业绩效的关系

商业生态系统视角下企业的业务单元，和自然生态系统中物种的活动构成系统发展的基本要素一样，围绕具体业务，单元管理者所秉持的商业逻辑、团队和资产配置及机制保障等，是构成商业模式的直接驱动者，也是最终业务价值的集中体现，包括顾客价值、企业价值及企业愿景的实现。本书假设如下。

H4.4：直接驱动者对企业绩效具有显著的正向影响。

H4.4a：直接驱动者对财务绩效具有显著的正向影响。

H4.4b：直接驱动者对市场绩效具有显著的正向影响。

H4.a：市场绩效对财务绩效具有显著正向影响。

图 4.1 显示了商业模式对企业绩效影响的概念模型，展示了商业模式的稳定影响者、中间影响者、直接影响者及直接驱动者分别对企业绩效的影响假设。本书详细研究假设已在表 4.1 中列出。

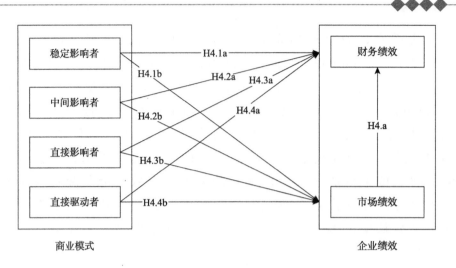

图 4.1 商业模式对企业绩效影响概念模型

表 4.1 商业模式对企业绩效影响研究假设

编号	假设内容
H4.1	稳定影响者对企业绩效具有显著的正向影响
H4.1a	稳定影响者对财务绩效具有显著的正向影响
H4.1b	稳定影响者对市场绩效具有显著的正向影响
H4.2	中间影响者对企业绩效具有显著的正向影响
H4.2a	中间影响者对财务绩效具有显著的正向影响
H4.2b	中间影响者对市场绩效具有显著的正向影响
H4.3	直接影响者对企业绩效具有显著的正向影响
H4.3a	直接影响者对财务绩效具有显著的正向影响
H4.3b	直接影响者对市场绩效具有显著的正向影响
H4.4	直接驱动者对企业绩效具有显著的正向影响
H4.4a	直接驱动者对财务绩效具有显著的正向影响
H4.4b	直接驱动者对市场绩效具有显著的正向影响
H4.a	市场绩效对财务绩效具有显著正向影响

4.2　量表开发与描述性统计

▶▶　4.2.1　调查问卷设计

在机理分析的基础上，本节将对商业模式的各项指标以及企业绩效的各项指标进行深度剖析，并对指标各项给予明确解释，进而设计调查问卷。问卷设计依据系统性、方便性、科学性和严谨性原则。

（1）系统性原则。问卷的设计围绕要研究的商业模式对企业绩效的影响这个问题，提出各种各样的假设，接着设计指标体系，然后依据指标框架设计单个问题与答案，最后依照调查问卷逻辑、问题的性质和视觉效果等方面来调整相应顺序。问卷设计的逻辑结构遵循商业模式对企业绩效影响进行逻辑结构排序，问卷设计必须遵守系统性原则，在整体框架前提下，单个问题的准备工作才能开始，然后通过单个问题的融合回归整体框架，在整个问卷设计过程中按照从整体到部分，接着从部分到整体的想法。在问卷的设计过程中，如何通过文字描述准确地提出问题并且让调查对象能够准确地理解问题的真实意思也是问卷设计的关键和难点，本书研究的问卷设计是经过反复调整和修改达到最终问卷呈现的结果。

（2）方便性原则。在设计调查问卷时，不仅要准确地表达论文想要研究的系列问题，还必须考虑问题所呈现的形式，让问题看起来简明易懂，调查对象愿意配合去填写问卷；问卷设计也不宜过于烦琐和冗长，答题时间控制在10分钟以内；在语言表达方面，也力求言简意赅，使调查对象能快速地理解问题并愿意配合填写，这样能更好地搜集到他们的真实想法。

（3）科学性原则。设计本问卷的最终目的是要验证论文提出的一系列研究的假设，假设检验需基于统计分析进行，在问卷设计过程中要充分思考统计分析的一系列问题，所以在问卷设计环节需要仔细考虑，总假设（商业模式对企业绩效的影响）之下包括哪些具体假设，具体假设基本遵循商业模式要素拆分和企业绩效维度构成等方面，在进行提问设计时还要考虑这些具体假设的检验需要用到哪些统计分析方法。

（4）严谨性原则。严谨性是问卷设计必须要遵守的原则，任何一个环节都必须一丝不苟。在提出商业模式对企业绩效的影响研究假设之后，开展一系列的探究性研究初步确定从哪些方面进行提问和设计，同时在问卷初稿设计中严格遵循指标体系的选择，初稿设计完成后也需要系统考虑问卷发放和收集方式，不同的收集方法会影响到调查的效果和质量，因此需要在设计时全面谨慎考虑问题的提法、措辞、语言及问卷的长度和数量等问题。

商业模式构成维度量表开发已在第 3 章阐述，此处不再赘述。关于企业绩效的测量，根据已有研究，Lane 等（2001）认为衡量企业绩效应该从定性和定量两个维度出发，定性维度包括市场竞争优势等，定量维度包括利润率和增长率等。Zott 和 Amit（2007）在研究中将企业绩效从企业成长、企业获利能力及企业整体成功三个维度构建 6 个指标方面进行衡量。从第 1 章国内外研究现状分析也可以看出，关于企业绩效的衡量研究较多，但总的来看学者主要关注企业的财务绩效和市场绩效，这里本书在 Zott 和 Amit（2007）的 6 个指标的基础上进行了拓展，最终选出 8 个题项对企业绩效展开测量（表 4.2）。

表 4.2　企业绩效测量题项

维度	题项	题项描述	参考依据
财务绩效	投资回报	与同行相比，企业投资回报增加	Lane 等（2001）
	利润率	与同行相比，企业利润率较高	
	净利润增长	企业净利润增长率较高	
市场绩效	市场份额	企业市场份额增长较快	
	市场地位	与同行相比，企业市场居于领先地位	
	服务水平	与同行相比，企业服务质量较高	
	市场范围	企业销售网络覆盖率较高	
	品牌建设	企业品牌建设效率较高	

▶▶　**4.2.2　数据描述分析**

样本统计描述见第 3 章，此处不再赘述。值得注意的是，如图 4.2 所示，在被问及商业模式应该是基于企业还是基于业务这一问题时，在 303 名调查者中，有 6 成以上的被调查者认为商业模式应该是基于业务的。

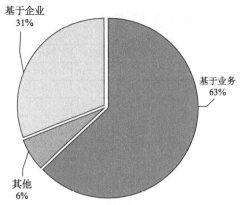

图 4.2　被调查者对商业模式的看法

图 4.3 展示了被调查者所在企业实现当前商业模式所整合的资源，可以看出客户资源、市场资源、技术与研发资源是被调查者所在企业整合的主要资源。

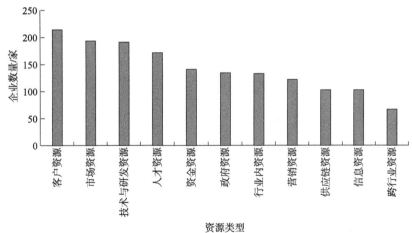

图 4.3　被调查企业实现商业模式整合的资源

表 4.3 显示企业绩效构成要素被调查者数据统计分析结果，表中列出了各题项的均值、标准差、偏度和峰度。根据这些指标可以判断获取数据是否服从正态分布，从而确定是否能进行下一步分析。从表 4.3 可以看出，关于题项的均值，最小为 3.38，最大为 3.81，标准差的值为

0.839~0.978，偏度和峰度绝对值均小于 1。由此可见企业绩效构成要素变量能够服从正态分布，可以进行信度和效度分析。

表 4.3　企业绩效构成要素题项的描述性统计分析

题项	统计	均值	标准差	偏度		峰度	
				统计	标准误差	统计	标准误差
投资回报	303	3.57	0.839	-0.266	0.140	0.159	0.279
利润率	303	3.49	0.902	-0.261	0.140	0.082	0.279
净利润增长	303	3.40	0.851	-0.185	0.140	0.505	0.279
市场份额	303	3.46	0.883	-0.088	0.140	-0.058	0.279
市场地位	303	3.55	0.926	-0.337	0.140	0.114	0.279
服务水平	303	3.81	0.840	-0.471	0.140	0.591	0.279
市场范围	303	3.38	0.978	-0.130	0.140	-0.232	0.279
品牌建设	303	3.56	0.877	-0.065	0.140	-0.274	0.279

4.3　样本数据检验

表 4.4 显示了变量的可靠性分析结果。可以看出，企业绩效各个维度的 Cronbach's α 系数值都大于 0.7，因此本次问卷的信度是可靠的。

表 4.4　变量的可靠性分析

维度	潜在变量	总体相关系数	删除项后 Cronbach's α 系数	Cronbach's α 系数
财务绩效	投资回报	0.631	0.876	0.838
	利润率	0.636	0.876	
	净利润增长	0.724	0.867	
市场绩效	市场份额	0.719	0.867	0.849
	市场地位	0.702	0.869	
	服务水平	0.635	0.876	
	市场范围	0.570	0.883	
	品牌建设	0.671	0.872	

表 4.5 展示了变量的效度检验，由此可见本书各量表结构效度表现均比较良好，其变量的 KMO 测度值分别为 0.732、0.830，都大于 0.7，总体为 0.885，Bartlett's 显著性也都小于 0.000 1。因此由变量的 KMO 测度值与 Bartlett's 检验结果可以知道，因子分析的结果与问卷变量分类大体上是一致的，这说明在理论逻辑上本书的所有量表是较为合理的。

表 4.5 变量的 KMO 测度值与 Bartlett's 检验值

变量	KMO 测度值	Bartlett's 检验值	
		卡方检验	显著性
财务绩效	0.732	359.536	0.000
市场绩效	0.830	598.891	0.000
总体	0.885	1 196.358	0.000

4.4 结构方程分析

►► 4.4.1 验证性因子分析

根据以上分析，企业绩效由财务绩效和市场绩效两个潜在变量构成，其中财务绩效有 3 个测量变量，分别是投资回报、利润率与净利润增长；市场绩效有 5 个测量变量，分别是市场份额、市场地位、服务水平、市场范围和品牌建设。验证性因子分析模型如图 4.4 所示。

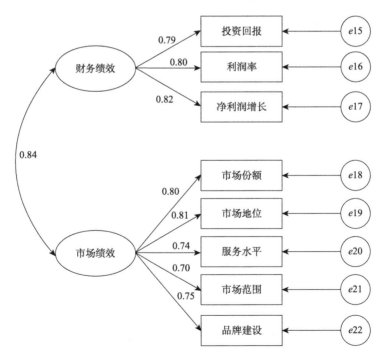

图 4.4 企业绩效验证性因子分析模型

首先对企业绩效验证性因子分析模型进行识别，按照 t 规则，该验证性因子模型一共有 8 个测量指标，需要估计的参数为 17 个，由于 $t=17<q（q+1）/2=28$，可以看出，满足企业绩效验证模型识别的必要条件。同时根据验证性因子分析模型识别三指标法则，可以判断模型满足三指标法则，因此，可以说企业绩效验证性因子模型是可以识别的。

使用 Amos 软件，以固定负荷法为基础分析了模型，结果如表 4.6 所示。对表 4.6 中的结果进行解释，分别进行绝对拟合指标和相对拟合指标检验，判断模型是否可以识别。从绝对拟合指标来看，$\chi^2/df=4.005$，$p<0.01$，达到显著水平。再对其他指标进行检验，指标 GFI=0.937，指标 AGFI=0.881，基本上达到 0.9 的门槛值。同时，指标 RMSEA=0.054，小于接受值 0.08，所以从总体上看，模型是可以接受的。从相对拟合指标来看，指标 IFI=0.929，指标 CFI=0.917，指标 NFI=0.968，均大于接受值 0.90，因此该模型具备良好的建构效度，可以接受。

表 4.6 企业绩效验证性因子分析模型结果

潜变量	测量条款	标准化系数	t 值	R^2	构建信度（C.R.）	均方差
财务绩效	投资回报	0.786		0.709	0.914	0.783
	利润率	0.800	13.685***	0.882		
	净利润增长	0.824	18.573***	0.757		
市场绩效	市场份额	0.799		0.696	0.930	0.728
	市场地位	0.806	19.096***	0.781		
	服务水平	0.735	19.722***	0.803		
	市场范围	0.697	14.625***	0.632		
	品牌建设	0.745	17.436***	0.726		

拟合优度指标：$\chi^2=76.009$，df=19，$p=0.000$
$\chi^2/df=4.005$
GFI=0.937；AGFI=0.881；NFI=0.968；
IFI=0.929；CFI=0.917；RMSEA=0.054

***表示 $p<0.01$
注：列 t 值者为参照指标，是限制估计参数

前面对整体模型进行了指标识别，现对个别指标的信度评估。由表 4.6 中可得，全部测量指标标准化因子负荷均超过 0.7，全部项目信度

R^2 都超过 0.6，全部标准化系数均具备较高显著水平。对于因子信度用建构信度的衡量方法，由表 4.6 中可得，构建信度的值超过了 0.9，这表明良好的内部一致性在各潜变量的测量中表现出来，信度指标都可以接受。表 4.6 也显示了模型的聚合效度，各个潜变量所属因素负荷都大于 0.5 的接受标准，同时各个潜变量提取的均方差大于 0.7，超过了 0.5，因此本书中企业绩效的各个潜变量具有良好的聚合效度。

►► 4.4.2　模型分析与假设检验

结构方程模型（structural equation modeling，SEM）是一种用来分析观测变量和潜在变量之间存在何种关系的统计方法，其核心是线性方程组。结构方程模型可以对心理学、经济学、社会学和行为科学等领域的潜在变量之间的结构关系进行分析，被广泛地应用于实际中。与传统回归分析相比，结构方程模型将因子分析和路径分析两大统计技术进行结合，所以结构方程模型的优势更为显著。

结构方程模型有两部分，一个是测量方程，另一个是结构方程。测量方程对潜变量与观测指标的关系进行了刻画，其本质是验证性因子分析，结构方程描述潜变量之间的关系。一般验证性因子分析是指结构方程模型里面的测量模型，它是基于对需要研究的问题的一定了解，验证已经有的理论模型和数据拟合的程度。一般而言，结构方程模型的分析有五个步骤，分别是模型设定、模型识别、模型估计、模型评价和模型修正。

（1）模型设定。结构方程模型包含两种变量，一是内生变量，二是外生变量，即自变量。内生变量受外生变量影响，且内生变量间也会相互影响。结构方程模型的数学表达式可由式（4.1）表示。

$$Y = \Lambda_y \eta + \varepsilon$$
$$X = \Lambda_x \xi + \sigma$$
（4.1）

如式（4.1）所示，Y 为内生观测变量，X 为外生观测变量，Y 与 X 均为一维向量；Λ_y 为内生观测变量在内生潜在变量上的因子负荷矩阵；Λ_x 为外生观测变量在外生潜在变量上的因子负荷矩阵；η 为内生潜在变量，ξ 为外生潜在变量；ε、δ 是不能由潜变量解释的部分，其中 η

可由式（4.2）表示。

$$\eta = B\eta + \Gamma\xi + \varepsilon \qquad (4.2)$$

在式（4.2）中，B 为系数矩阵，表示内生潜变量 η 之间的关系；ε 为一维向量，表示结构方程的残差；Γ 为外生潜变量 ξ 的系数矩阵，即

$$B = \begin{cases} B_{11} & B_{12} & \cdots & B_{1m} \\ B_{21} & B_{22} & \cdots & B_{2m} \\ \vdots & \vdots & & \vdots \\ B_{m1} & B_{m2} & \cdots & B_{mm} \end{cases} \quad \Gamma = \begin{cases} \Gamma_{11} & \Gamma_{12} & \cdots & \Gamma_{1m} \\ \Gamma_{21} & \Gamma_{22} & \cdots & \Gamma_{2m} \\ \vdots & \vdots & & \vdots \\ \Gamma_{m1} & \Gamma_{m2} & \cdots & \Gamma_{mm} \end{cases} \qquad (4.3)$$

（2）模型识别。在进行模型设定以后，下一步即为模型识别。模型识别是指从理论上检查模式是否可以识别，即考察通过观测数据是否能得到自由参数的唯一解。若自由参数存在唯一解，则模型可以识别，反之则该模型不可识别。

（3）模型估计。结构方程模型第三步是进行模型估计，即对模型的参数进行估计，一般采用三种方法在 Amos 等软件中应用。一是多元回归方法，二是最大似然法，三是广义最小二乘法。这些方法可以较好地进行以观测变量方差和协方差为根据的参数估计。

（4）模型评价。模型评价是结构方程中非常重要的一个步骤，通过模型评价可以判断该模型的拟合程度，一般而言，模型评价的指标有相对开方值、CFI 值、RMSEA 值等，其中若 CFI 值大于 0.90，则表示模型拟合度好。对于 RMSEA 值，普遍认为，当该值在 0.08 及以下时，表示模型具有良好的拟合度，如果该值可以达到 0.05 以下，那么表示该模型拟合得更好。相对卡方值公式为

$$F_0 = \max\left[F - (\mathrm{df} / (n-1)), 0 \right] \quad \overline{\chi^2} = \chi^2 / \mathrm{df} \qquad (4.4)$$

其中，df 表示自由度。

CFI 计算公式如下：

$$\mathrm{CFI} = 1 - \frac{t_{\mathrm{model}}}{t_{\mathrm{indep}}} \qquad (4.5)$$

$$t_{\mathrm{indep}} = \chi^2_{\mathrm{indep}} - \mathrm{df}_{\mathrm{indep}} \qquad (4.6)$$

$$t_{\mathrm{model}} = \chi^2_{\mathrm{model}} - \mathrm{df}_{\mathrm{model}} \qquad (4.7)$$

RMSEA 计算公式如下：

$$\text{RMSEA} = \sqrt{\frac{F_0}{\text{df}}} \qquad\qquad (4.8)$$

其中，F_0是总体差异函数的估计，$F_0 = \max\left[F - \left(\text{df}\,/\,(n-1)\right),0\right]$。

（5）模型修正。结构方程模型的最后一步是模型修正，即对初始模型的拟合度进行改进。一般而言，Amos 软件可以提供部分修正指数，在进行模型修正时，可以参考这些指数对模型进行修正。但在进行模型修正时，应该注意一次只能修改一个参数，且在修改参数后，要对新模型进行重新验证。

在本书中商业模式是外生变量，由稳定影响者、中间影响者、直接影响者和直接驱动者四个维度构成，企业绩效是内生变量，由财务绩效和市场绩效两个维度构成。图 4.5 显示了模型的验证结果。

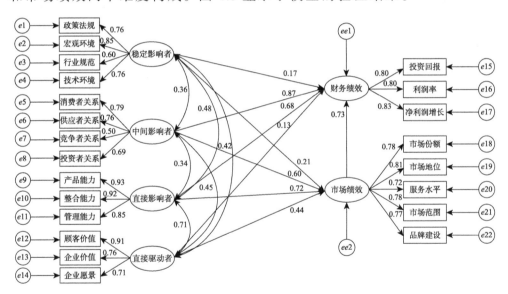

图 4.5　商业模式对企业绩效影响模型验证结果

拟合结果如表 4.7 所示。从绝对拟合指标来看，$\chi^2\,/\,\text{df} = 1.989$，$p<0.01$，已达到了显著水平。绝对拟合指标检验并不能对模型的拟合进行很好的检验，所以进一步检验其他拟合指标。如表 4.7 所示，指标 GFI=0.914，AGFI=0.949，均达到 0.9 的门槛值。RMSEA=0.047，如前文所述，如果 RMSEA 的值小于 0.08，那么模型就是可以被接受的，本模型的 RMSEA 值小于接受值 0.08，所以从总体上看，模型是可以被接

受的；从相对拟合指标来看，IFI=0.917，CFI=0.901，NFI=0.858，都达到了或靠近接受值 0.90，因此从整体看，商业模式对企业绩效影响的因子模型拟合较为良好，与此同时，该模型也具备良好的构建信度，因此，可以判断，该模型是可以被接受的。

表 4.7　商业模式对企业绩效影响拟合结果表

χ^2	df	χ^2/df	GFI	AGFI	NFI	IFI	CFI	RMSEA
385.829	194	1.989	0.914	0.949	0.858	0.917	0.901	0.047

表 4.8 对假设检验进行了总结。可以看出，除路径稳定影响者→财务绩效未得到验证外，其余假设均得到验证。

表 4.8　商业模式对企业绩效影响理论模型的拟合指数

假设编号	变量间关系	标准化路径系数	构建信度（C.R.）	假设是否得到支持
H4.1a	稳定影响者→财务绩效	0.165	0.049	不支持
H4.2a	中间影响者→财务绩效	0.867***	6.642	支持
H4.3a	直接影响者→财务绩效	0.677***	4.705	支持
H4.4a	直接驱动者→财务绩效	0.133***	11.332	支持
H4.1b	稳定影响者→市场绩效	0.212***	5.883	支持
H4.2b	中间影响者→市场绩效	0.597***	6.574	支持
H4.3b	直接影响者→市场绩效	0.723***	3.782	支持
H4.4b	直接驱动者→市场绩效	0.436***	7.642	支持
H4.a	市场绩效→财务绩效	0.733***	17.836	支持

***表示 $p<0.01$

具体来看，路径 H4.1a 稳定影响者对企业财务绩效具有正向影响没有得到支持，但路径 H4.1b 稳定影响者对企业市场绩效显著正向影响作用得到验证。分析其原因，宏观经济政策环境、技术环境及行业环境等对企业市场绩效影响比其对财务绩效的影响更为明显和直接。外部环境的变化影响会直接反映在企业市场份额及市场地位上。值得注意的是，假设 H4.a 市场绩效与财务绩效之间具有正向关系的假设得到验证，路径系数为 0.733。可以看出，虽然企业财务绩效对宏观经济环境、政策法规、行业技术环境变化并不明显，但这些宏观因素和外部因素的变化

会影响企业的市场绩效，进而影响企业的财务绩效。

路径 H4.2a 和 H4.2b 得到验证，其路径系数分别为 0.867 和 0.597，表明在商业生态系统下商业模式各关联主体之间的关系对企业绩效具有显著影响，且企业与消费者、供应者、竞争者和投资者之间的关系对企业财务绩效的影响更大。

路径 H4.3a 和 H4.3b 得到验证，其路径系数分别为 0.677 和 0.723，表明商业生态系统下商业模式的产品能力、整合能力和管理能力对企业绩效有显著影响，且对财务绩效和市场绩效两个维度的影响差别不大。

路径 H4.4a 和 H4.4b 得到验证，其路径系数分别为 0.133 和 0.436，表明在商业生态系统下商业模式的直接驱动者维度对企业绩效具有正向作用，但其影响作用相比中间影响者和直接影响者对企业绩效的作用较弱。

4.5　本章小结

本章首先对商业生态系统下商业模式对企业绩效的影响机理进行分析，该分析结合第 3 章商业模式分析框架以及国内外已有研究成果，根据机理分析构建在商业生态系统下商业模式对企业绩效的影响概念模型并提出一系列假设，为进一步构建结构方程做了准备工作。在商业生态系统下商业模式对企业绩效概念模型主要分为两部分，第一部分是商业模式的构成要素，主要包括稳定影响者、中间影响者、直接影响者及直接驱动者；第二部分是企业绩效的构成要素，本书中企业绩效分别用企业的市场绩效和财务绩效进行衡量。在构建了概念模型之后，本书开发了量表并设计调查问卷以获取模型验证数据，问卷的开发秉持系统性、方便性、科学性和严谨性原则。问卷内容主要从四个维度和两个维度分别对商业模式与企业绩效进行了衡量，最后共回收问卷 334 份，删除重复及无效的问卷后得到有效问卷 303 份，问卷回收有效率为 90.72%。在对数据进行清洗检验的基础上，进行验证性因子分析，最后运用结构方程方法对本章构建的商业模式对企业绩效的概念模型进行了检验。实证表明，商业模式的中间影响者、直接影响者和直接驱动者对企业绩效有显著影响，但商业模式的稳定影响者对企业的财务绩效影响不明显，对企业的市场绩效有显著影响。此外，企业的市场绩效对企业的财务绩效有显著的正向影响。

第5章　协调能力对商业模式与企业绩效的调节作用研究

本章重点研究协调能力在企业经营发展中是否能够起到正向作用，并且是通过何种机制起到协调作用的。已有文献从定性角度论证了协调能力作为一种学习能力、环境适应能力、资源获取能力及改革创新能力，对企业发展具有重要作用，但企业是如何将这种能力转换为绩效成果的呢？本章从定量角度对这一问题做出回答。实证部分从机会识别能力、资源整合能力和创新管理能力三个维度表现企业的协调能力。通过验证协调能力是否能正向促进商业模式对企业绩效的影响来判断协调能力的效果。在具体操作中，首先，根据文献研究选取协调能力度量指标，设计协调能力的测量量表并检验量表效度；其次，在已有研究的基础上明确协调作用在商业模式和企业绩效之间的作用方式；最后，构建协调作用在商业模式影响企业绩效过程中的调节作用模型并提出假设，通过实证检验假设的合理性。

5.1　协调能力构成及其与商业模式的关系

▶▶　5.1.1　协调能力构成

根据前文对协调能力的定义以及国内外学者的相关研究，可以看出，学者对协调能力的构成各持己见。例如，O'Reilly 和 Tushman（2008）等认为协调能力应该包括机会识别能力、资源整合能力和组织重构能力，Wu（2010）的研究也持有类似观点。结合本书对协调能力的定义以及对现有研究的理解，本书将协调能力初步划分为机会识别能力、资源整合能力、组织管理能力和改革创新能力四个维度。

（1）机会识别能力。机会识别能力是指企业根据企业战略需要，对企业内外的资源及信息进行收集和处理的能力。在 Feldman 和 Sackman（1994）的研究中，机会识别能力被定义为企业对外部信息的解析和预测，贯穿企业产品开发与客户服务等一系列活动。Day（1994）认为具有机会识别能力的企业应当能对企业外部环境变化做出快速反应，快速抓住机会，从而为企业创造更多的价值，提升并维持企业竞争优势。Teece（2007）指出，客户需求变化、技术变化等市场环境的不确定性可以在很大程度上促进企业发展，然而只有具有较强机会识别能力的企业才能又快又准地抓住这些机会，为企业带来更好的发展。因此企业要注意这类能力的培养。Goodson 等（2007）的研究表明，协调能力的重要组成就是机会识别能力，该能力可以为企业带来商业机会。O'Reilly 和 Tushman（2008）的研究表明，机会识别能力对企业发展极为重要，若要提升企业机会识别能力，就需要企业加大对市场搜索的力度，培养相关人才。

（2）资源整合能力。Teece 等（1997）在研究中对资源整合能力进行了界定，认为资源整合能力类似于"协调""资源组合"等表达，即对资源重新配置而提升现有价值的能力。随着经济发展、技术进步与市场的快速变化，资源整合能力在企业价值创造中扮演着越来越重要的角色。Clark 和 Baldwin（1998）以汽车行业为研究对象，认为企业的整合协调能力是企业提升绩效的重要因素。

（3）组织管理能力。协调能力中的组织管理能力是指企业为有效实现组织目标，灵活运用多种方法，调动各种力量使组织有效协调的能力。企业内部组织结构优化一方面是为了更大程度地调动和发挥员工的能动性，另一方面是为了通过培养来提高员工自身能力素质。企业的激励机制对调动员工积极性有很大影响，建立合理的奖励机制，对员工进行弹性管理，在一定程度上会对员工的工作效率产生影响。此外，培养也是十分重要的，良好的培养体系可以使员工具备识别新机遇、适应新环境的能力。

（4）改革创新能力。Danneels（2002）在研究中指出，企业如果想要实现内外部资源整合能力的提升，就需要决策者不断审视内外资源配置，对现有组织体系进行重新设计，从而确保现有资源能最大程度地发挥效用。Teece（2007）在研究中指出，组织内部创新文化的倡导，可以促使员工积极适应变革能力，从而更好地进行资源整合等。O'Reilly 和 Tushman（2008）指出，短期来看，企业外部环境的变化是渐进的，此时改革对组织的技术、流程、人力等调整要求不高，但是当外部环境发生快速变化时，改革创新能力就显得尤为重要。

▶▶　5.1.2　协调能力与商业模式关系

商业模式的有效发挥受到内外部环境的共同影响。在内部结构合理有效的同时还需要考虑企业与外部环境的匹配性。在技术变革迅速的当下，市场竞争不断增加，因此企业必须不断调整自己的商业模式以适应不断变化的市场环境。Eisenhardt 和 Martin（2015）基于渐变与激变的动态市场对商业模式需要的能力进行了探索，研究指出，在前者情况下，商业模式结构清晰，企业可参考现有资源进行能力调整；在后者情况下，市场边界不明显，此时就需要协调能力发挥作用以帮助企业健康发展。Teece（2007）指出，企业有效的执行力、对内外部资源整合的能力、组织管理能力是企业实现商业模式的保障。如果企业有较好的协调能力，那么企业就具有快速识别内外部变化从而进行资源配置的能力。Arash 等（2011）的研究也表明协调能力在商业模式实施中发挥重要作用，资源配置能力帮助企业实现资源与能力的再次调整，该研究还指出，要实现商业模式与外部环境的匹配，那么协调能力在其中扮演着重要纽带的作用。

综合以上分析，可以看出，协调能力有助于企业调整内外部资源，使企业快速适应市场变化并做出相应决策，但协调能力在商业模式与企业绩效之间扮演着何种角色，已有文献中还没有对其进行系统性研究。因此，本书从协调能力的角度探究其对商业模式和企业绩效间关系的调节作用，并以此提出理论模型，如图 5.1，根据协调能力及企业绩效各维度构成提出假设，并通过实证来分析协调能力在商业模式与企业绩效之间的作用。

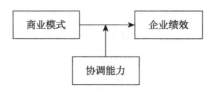

图 5.1　协调能力研究理论模型

5.2　研 究 设 计

基于以上分析，本书设计协调能力量表如表 5.1 所示。协调能力由机会识别能力、资源整合能力、组织管理能力及改革创新能力 4 个维度构成。其中机会识别能力由 4 个题项表示，分别测量了企业对市场行业发展趋势、客户需求、竞争者状态及技术发展的了解。资源整合能力由 3 个题项构成，反映了企业对内外部资源的整合能力。组织管理能力由 4 个题项构成，主要反映企业内部文化包括组织学习、创新机制等。改革创新能力由 3 个题项构成，反映了企业对产品服务、工作流程及关系网络的创新。

表 5.1　协调能力测量量表

维度	代码	测量题项
机会识别能力	CSO1	了解市场及行业发展趋势
	CSO2	了解客户及潜在客户需求
	CSO3	了解竞争者状态
	CSO4	跟踪科学和技术发展的最新状况
资源整合能力	CIR1	企业内各种资源交流与共享
	CIR2	有各种获得外部资源的渠道
	CIR3	能够灵活调整企业内外组织建立协作关系
组织管理能力	COM1	引进和学习新技术
	COM2	重视员工的学习与培训

续表

维度	代码	测量题项
组织管理能力	COM3	建立激励创新的机制
	COM4	企业实行柔性管理和弹性管理
改革创新能力	COI1	对现有的产品和服务进行再设计
	COI2	对现有的工作流程和制度进行再设计
	COI3	调整企业内外关系网络和网络沟通方式

5.3 量表效度检验

在模型中商业模式及企业绩效变量已在前文进行检验，这里不再赘述。协调能力各题项检验如表 5.2 所示，可以看出，各题项均值在 3.5 及以上，标准差最小为 0.84，最大为 1.03。就偏度和峰度来看，达到要求值，表明协调能力测量题项的统计值服从正态分布。

表 5.2 协调能力题项描述统计分析

代码	样本量	均值	标准差	偏度	峰度
CSO1	303	3.96	0.87	0.50	−0.70
CSO2	303	3.93	0.84	0.49	−0.64
CSO3	303	3.82	0.89	0.59	−0.68
CSO4	303	3.84	0.87	0.95	−0.79
CIR1	303	3.72	0.94	0.43	−0.65
CIR2	303	3.73	0.87	0.56	−0.58
CIR3	303	3.63	0.92	0.31	−0.52
COM1	303	3.71	0.93	0.28	−0.63
COM2	303	3.77	0.95	0.26	−0.58
COM3	303	3.63	1.00	0.04	−0.53
COM4	303	3.50	1.03	−0.19	−0.38
COI1	303	3.62	0.98	0.36	−0.62
COI2	303	3.62	0.90	0.40	−0.49
COI3	303	3.57	0.91	−0.04	−0.30

▶▶　**5.3.1　内部一致性分析**

在进行理论模型及其假设检验之前，本书对协调能力内部一致性进行检验，以明确变量的信度和效度。

表 5.3　协调能力内部一致性检验

维度	代码	总体相关系数	删除题项后的 Cronbach's α 系数	Cronbach's α 系数
机会识别能力	CSO1	0.815	0.873	0.908
	CSO2	0.827	0.869	
	CSO3	0.812	0.874	
	CSO4	0.717	0.907	
资源整合能力	CIR1	0.747	0.794	0.860
	CIR2	0.721	0.818	
	CIR3	0.741	0.799	
组织管理能力	COM1	0.666	0.849	0.867
	COM2	0.771	0.808	
	COM3	0.782	0.802	
	COM4	0.656	0.856	
改革创新能力	COI1	0.807	0.870	0.905
	COI2	0.863	0.823	
	COI3	0.770	0.899	

题项的总体相关系数和不同维度的 Cronbach's α 系数大于 0.5 时表明题项具有可靠性，从表 5.3 可以看出，协调能力各题项总体相关系数均大于 0.5，且四个维度的 Cronbach's α 系数均大于 0.7，表明协调能力量表通过内部一致性检验，具有可靠性。

▶▶　**5.3.2　探索性因子分析**

对变量进行一致性检验之后，进行探索性因子分析检验文件结构效度。如表 5.4 所示，首先进行 KMO 和 Bartlett's 检验，协调能力量表的 KMO 测度值约为 0.951，变量相关性强，适合做因子分析。

表 5.4 KMO 和 Bartlett's 检验

KMO	取样足够度量值	0.951 064
Bartlett's 检验	近似卡方分布	3 664.691
	df	91
	显著性	0

根据样本数进行因子分析，结果如表 5.5 所示。

表 5.5 协调效应探索性因子分析结果

代码	1	2
CSO1	0.791	0.404
CSO2	0.793	0.417
CSO3	0.782	0.408
CSO4	0.745	0.362
CIR1	0.818	0.008
CIR2	0.773	0.113
CIR3	0.797	−0.084
COM1	0.814	0.019
COM2	0.787	−0.262
COM3	0.805	−0.344
COM4	0.705	−0.405
COI1	0.846	−0.197
COI2	0.838	−0.254
COI3	0.806	−0.165

由表 5.5 结果可知，第一个因子与所有变量的相关性程度高，第二个不高，含义模糊，不利于命名，所以需要进行因子旋转。采用方差最大法对因子载荷矩阵实行正交旋转，以使因子命名具有解释性。同时设定提取因子个数为 3。旋转后结果如表 5.6 所示。

表 5.6 旋转成分矩阵

代码	1	2	3
CSO1	0.296	0.811	0.257
CSO2	0.283	0.817	0.270
CSO3	0.290	0.810	0.249

续表

代码	1	2	3
CSO4	0.221	0.698	0.389
CIR1	0.415	0.410	0.620
CIR2	0.245	0.410	0.742
CIR3	0.416	0.295	0.709
COM1	0.446	0.448	0.531
COM2	0.631	0.233	0.494
COM3	0.715	0.196	0.468
COM4	0.748	0.134	0.303
COI1	0.735	0.398	0.294
COI2	0.810	0.381	0.203
COI3	0.738	0.435	0.170

通过旋转之后，协调能力可以提取出 3 个因子，累计解释方差变动 71.02%。每个题项在单一维度的因子均大于 0.5，且无交叉负载现象，说明具有较好的收敛效度、单维度性和区别效度。因此我们根据因子分析结果，将协调能力结构统一调整，以便进行后续工作，结果如表 5.7 所示。

表 5.7 协调能力量表结构

维度	代码	测量题项
机会识别能力	CSO1	了解市场及行业发展趋势
	CSO2	了解客户及潜在客户需求
	CSO3	了解竞争者状态
	CSO4	跟踪科学和技术发展的最新状况
资源整合能力	CIR1	企业内各种资源交流与共享
	CIR2	有各种获得外部资源的渠道
	CIR3	能够灵活调整企业内外组织建立协作关系
	CIR4	引进和学习新技术

续表

维度	代码	测量题项
创新管理能力	CIM1	重视员工的学习与培训
	CIM2	建立激励创新的机制
	CIM3	企业实行柔性管理和弹性管理
	CIM4	对现有的产品和服务进行再设计
	CIM5	对现有的工作流程和制度进行再设计
	CIM6	调整企业内外关系网络和网络沟通方式

　　企业要获得持续竞争力，必须根据市场环境对自身商业模式做出及时调整。机会识别能力就是企业发现外在机遇和自身问题的能力，机会识别能力越强，企业对自身的调整就会越准确，就越能与其他市场主体建立灵活的合作关系，从而提高企业绩效。

　　机会识别能力可以帮助企业挖掘潜在的客户需求，在市场环境好时，推出更有竞争力的产品；在市场环境不好时，及时识别威胁来源。此外，机会识别能力可以帮助企业发现战略规划与组织流程方面的不足，为企业内部的管理提升提供新思路。在商业生态系统中，企业需要具备跨行业开展竞争合作的意识，机会识别能力为企业开展跨边界合作、建立战略联盟提供更多可能，为企业绩效提供新的增长点。资源整合能力是企业吸收学习和运用外部知识进行资源配合的过程，通过资源要素的协同作用为企业创造价值。企业内部资源整合能力可以改善内部资源配置提高部门运作效率；对外资源整合能力可以改变企业与上下游等中间影响者的组织结构以减少交易成本，从而实现盈利、提高企业绩效。创新管理能力一方面体现在产品服务的改进创新，另一方面反映企业组织制度以及与外界合作关系提升，会使得商业模式的直接驱动者如价值主张、企业愿景等发生根本性改变，这必定影响企业绩效。基于以上分析，现提出本章假设如表 5.8 所示。

表 5.8　本章假设汇总

编号	假设内容
H5.1a	机会识别能力正向调节稳定影响者与市场绩效之间的关系
H5.1b	机会识别能力正向调节稳定影响者与财务绩效之间的关系

续表

编号	假设内容
H5.1c	机会识别能力正向调节中间影响者与市场绩效之间的关系
H5.1d	机会识别能力正向调节中间影响者与财务绩效之间的关系
H5.1e	机会识别能力正向调节直接影响者与市场绩效之间的关系
H5.1f	机会识别能力正向调节直接影响者与财务绩效之间的关系
H5.1g	机会识别能力正向调节直接驱动者与市场绩效之间的关系
H5.1h	机会识别能力正向调节直接驱动者与财务绩效之间的关系
H5.2a	资源整合能力正向调节稳定影响者与市场绩效之间的关系
H5.2b	资源整合能力正向调节稳定影响者与财务绩效之间的关系
H5.2c	资源整合能力正向调节中间影响者与市场绩效之间的关系
H5.2d	资源整合能力正向调节中间影响者与财务绩效之间的关系
H5.2e	资源整合能力正向调节直接影响者与市场绩效之间的关系
H5.2f	资源整合能力正向调节直接影响者与财务绩效之间的关系
H5.2g	资源整合能力正向调节直接驱动者与市场绩效之间的关系
H5.2h	资源整合能力正向调节直接驱动者与财务绩效之间的关系
H5.3a	创新管理能力正向调节稳定影响者与市场绩效之间的关系
H5.3b	创新管理能力正向调节稳定影响者与财务绩效之间的关系
H5.3c	创新管理能力正向调节中间影响者与市场绩效之间的关系
H5.3d	创新管理能力正向调节中间影响者与财务绩效之间的关系
H5.3e	创新管理能力正向调节直接影响者与市场绩效之间的关系
H5.3f	创新管理能力正向调节直接影响者与财务绩效之间的关系
H5.3g	创新管理能力正向调节直接驱动者与市场绩效之间的关系
H5.3h	创新管理能力正向调节直接驱动者与财务绩效之间的关系

5.4　研究模型与假设检验

▶▶ 5.4.1　相关性分析

根据研究假设，对模型中商业模式、企业绩效和协调能力进行相关性分析，结果如表 5.9 所示。

表 5.9 　变量相关性分析

维度	WD	ZJ	ZY	ZT	FP	MP	CSO	CIR	CIM
WD	1	0.180**	0.285**	0.297**	0.153**	0.145**	0.287**	0.199**	0.188**
ZJ	0.180**	1	0.516**	0.331**	0.422**	0.506**	0.382**	0.392**	0.414**
ZY	0.285**	0.516**	1	0.658**	0.563**	0.612**	0.574**	0.637**	0.642**
ZT	0.297**	0.331**	0.658**	1	0.467**	0.503**	0.551**	0.584**	0.562**
FP	0.153**	0.422**	0.563**	0.467**	1	0.768**	0.534**	0.615**	0.601**
MP	0.145**	0.506**	0.612**	0.503**	0.768**	1	0.620**	0.669**	0.646**
CSO	0.287**	0.382**	0.574**	0.551**	0.534**	0.620**	1	0.771**	0.696**
CIR	0.199**	0.392**	0.637**	0.584**	0.615**	0.669**	0.771**	1	0.815**
CIM	0.188**	0.414**	0.642**	0.562**	0.601**	0.646**	0.696**	0.815**	1

**表示 $p<0.01$

注：WD（稳定影响者），ZJ（中间影响者），ZY（直接影响者），ZT（直接驱动者），FP（财务绩效），MP（市场绩效），CSO（机会识别能力），CIR（资源整合能力），CIM（创新管理能力）

由表 5.9 可知商业模式 4 要素中直接驱动者和直接影响者相关性最高为 0.658。商业模式 4 个维度和两种企业绩效都呈正相关，协调能力与企业绩效也呈正相关。商业模式中直接影响者对财务绩效和市场绩效相关系数最高分别为 0.563 和 0.612。在此结论之上可以继续进行下一步研究。

▶▶ 5.4.2 　协调能力的回归分析

1. 机会识别能力的调节作用检验

由表 5.10 可以看出，稳定影响者对财务绩效和市场绩效的影响都不显著。虽然机会识别能力和其与稳定影响者的乘积对企业绩效都有显著的正向影响，且模型 3、4 相对于模型 1、3 的 R^2 都有所增加，但无法确定机会识别能力在稳定影响者和企业绩效之间的作用，因此本章的假设 H5.1a、H5.1b 没有得到证实。

表 5.10 　机会识别能力对稳定影响者与企业绩效调节作用检验结果

自变量	因变量：财务绩效		因变量：市场绩效	
	模型 1	模型 2	模型 3	模型 4
稳定影响者	0.019	0.022	-0.024	-0.022

续表

自变量	因变量：财务绩效		因变量：市场绩效	
	模型 1	模型 2	模型 3	模型 4
机会识别能力	0.514***	0.500***	0.616***	0.605***
稳定影响者×机会识别能力		0.220*		0.166*
R^2	0.176	0.19	0.272	0.281
F	31.975***	23.387***	56.043***	38.971
调整后的 R^2	0.17	0.182	0.267	0.274

***表示 $p<0.01$，*表示 $p<0.1$

表 5.11 显示中间影响者和机会识别能力的乘积项显著为正，且企业财务绩效的 R^2 增加了 3.6%，市场绩效的 R^2 增加了 2.4%，说明机会识别能力在中间影响者与企业财务绩效之间具有正向调节作用，由此证实了假设 H5.1d；模型 3 与模型 4 说明机会识别能力在中间影响者与市场绩效之间具有正向调节作用，因此验证了假设 H5.1c。机会识别能力是企业了解内外部环境，紧跟最新科技动向从而为企业找到新的经济增长点的能力，检验结果显示机会识别能力能促进中间影响者对企业绩效的正向作用。

表 5.11 机会识别能力对中间影响者与企业绩效调节作用检验结果

自变量	因变量：财务绩效		因变量：市场绩效	
	模型 1	模型 2	模型 3	模型 4
中间影响者	0.188***	0.174***	0.101*	0.088*
机会识别能力	0.491***	0.484***	0.597***	0.590***
中间影响者×机会识别能力		0.115*		0.105*
R^2	0.223	0.231	0.287	0.294
F	43.157***	29.916***	60.367***	41.475***
调整后的 R^2	0.218	0.223	0.282	0.287

***表示 $p<0.01$，*表示 $p<0.1$

由表 5.12 知，模型 1 与模型 2 相比可看出直接影响者与机会识别能力乘积项显著为正，且再加入该项之后企业财务绩效的 R^2 增加了 15.5%，说明机会识别能力在直接影响者与企业财务绩效之间具有调节作用，因此证实了假设 H5.1f；同模型 1、2 一样，模型 3 和 4 乘积项也显著为正，且加入乘积项后市场绩效的 R^2 增加了 3.5%，说明机会识别

能力在直接影响者与市场绩效之间具有正向调节作用，因此证实了假设
H5.1e。

表 5.12　机会识别能力对直接影响者与企业绩效调节作用检验结果

自变量	因变量：财务绩效		因变量：市场绩效	
	模型 1	模型 2	模型 3	模型 4
直接影响者	0.250^{***}	0.248^{***}	0.225^{***}	0.224^{***}
机会识别能力	0.402^{*}	0.375^{***}	0.507^{***}	0.492^{***}
直接影响者×机会识别能力		0.288^{***}		0.155^{*}
R^2	0.226	0.261	0.317	0.328
F	43.679	35.289^{***}	69.496^{***}	48.671^{***}
调整后的 R^2	0.220	0.254	0.312	0.321

***表示 $p<0.01$，*表示 $p<0.1$

　　由表 5.13 回归结果可以看出，对比模型 1 与模型 2，加入直接驱动
者与机会识别能力的乘积项之后，企业财务绩效的 R^2 增加了 3.1%，并
且该回归系数是显著的，说明机会识别能力在直接驱动者与企业财务绩
效之间具有正向调节作用，证实了假设 H5.1h；对比模型 3 与模型 4，加
入直接驱动者与机会识别能力的乘积项之后，市场绩效的 R^2 增加了
4.1%，并且该回归系数是显著的，说明机会识别能力在直接驱动者与市
场绩效之间具有正向调节作用，证实了假设 H5.1g。

表 5.13　机会识别能力对直接驱动者与企业绩效调节作用检验结果

自变量	因变量：财务绩效		因变量：市场绩效	
	模型 1	模型 2	模型 3	模型 4
直接驱动者	0.184^{**}	0.190^{**}	0.179^{**}	0.187^{**}
机会识别能力	0.428^{***}	0.411^{***}	0.523^{***}	0.501^{***}
直接驱动者×机会识别能力		0.142^{*}		0.197^{*}
R^2	0.195	0.201	0.292	0.304
F	36.375^{***}	25.051^{***}	61.917^{***}	43.614^{***}
调整后的 R^2	0.190	0.193	0.287	0.297

***表示 $p<0.01$，**表示 $p<0.05$，*表示 $p<0.1$

2. 资源整合能力的调节作用检验

由表 5.14 可以看出，在资源整合能力的调节作用检验中，稳定影响者对财务绩效和市场绩效的作用仍不显著。对比模型 1 与模型 2、模型 3 与模型 4，R^2 都有了明显的增加，由于稳定影响者的作用方向不明确，无法断定资源整合能力是否正向调节稳定影响者与企业绩效的关系，本章的假设 H5.2a 和 H5.2b 没有得到证实。

表 5.14　资源整合能力对稳定影响者与企业绩效调节作用检验结果

自变量	因变量：财务绩效		因变量：市场绩效	
	模型 1	模型 2	模型 3	模型 4
稳定影响者	0.023	−0.002	0.001	−0.039
资源整合能力	0.582***	0.572***	0.587***	0.571***
稳定影响者×资源整合能力		0.170*		0.273***
R^2	0.265	0.275	0.295	0.326
F	54.033***	37.897***	62.893***	48.196***
调整后的 R^2	0.260	0.268	0.291	0.319

***表示 $p<0.01$，*表示 $p<0.1$

根据表 5.15，在模型 2 中，加入中间影响者和资源整合能力乘积项后，资源整合能力和乘积项系数均不显著，且相比于模型 1，模型 2 中企业财务绩效的 R^2 几乎没有变化，因此假设 H5.2d 没有通过检验；在模型 4 中乘积项显著为正，且相比于模型 3 市场绩效的 R^2 增加了 6.9%，说明资源整合能力在中间影响者与市场绩效之间具有调节作用，因此证实了假设 H5.2c。

表 5.15　资源整合能力对中间影响者与企业绩效调节作用检验结果

自变量	因变量：财务绩效		因变量：市场绩效	
	模型 1	模型 2	模型 3	模型 4
中间影响者	0.158***	0.153***	0.077*	0.057*
资源整合能力	0.554***	0.551	0.572***	0.563***
中间影响者×资源整合能力		0.046		0.161**
R^2	0.298	0.300	0.304	0.325
F	63.739***	42.664***	65.576***	48.074***
调整后的 R^2	0.294	0.293	0.300	0.319

***表示 $p<0.01$，**表示 $p<0.05$，*表示 $p<0.1$

在表 5.16 中，资源整合能力在直接影响者和财务绩效之间的调节作用并不显著，对比模型 1、2，加入直接影响者与资源整合能力的乘积项之后，企业财务绩效的 R^2 基本没有变化，因此假设 H5.2f 未能得到证实；由模型 3 与模型 4 可看出，乘积项显著为正，且在加入乘积项后市场绩效的 R^2 增加了 4.0%，说明资源整合能力在直接影响者与市场绩效之间具有调节作用，因此证实了假设 H5.2e。

表 5.16　资源整合能力对直接影响者与企业绩效调节作用检验结果

自变量	因变量：财务绩效		因变量：市场绩效	
	模型 1	模型 2	模型 3	模型 4
直接影响者	0.175**	0.177**	0.185***	0.195***
资源整合能力	0.498***	0.493***	0.494***	0.472***
直接影响者×资源整合能力		0.033		0.160*
R^2	0.287	0.288	0.324	0.337
F	60.439***	40.257***	71.810***	50.737***
调整后的 R^2	0.282	0.281	0.319	0.331

***表示 $p<0.01$，**表示 $p<0.05$，*表示 $p<0.1$

表 5.17 显示，资源整合能力对直接驱动者与财务绩效间的调节作用并不显著。对比模型 1 与模型 2，直接驱动者与资源整合能力的乘积项并不显著，且在加入乘积项后企业财务绩效的 R^2 无明显变化，因此证实了假设 H5.2h 未通过检验；模型 4 中，直接驱动者与资源整合能力的乘积项显著为正，且加入乘积项后市场绩效的 R^2 增加了 3.5%，说明资源整合能力在直接驱动者与市场绩效之间具有正向调节作用，因此证实了假设 H5.2g。

表 5.17　资源整合能力对直接驱动者与企业绩效调节作用检验结果

自变量	因变量：财务绩效		因变量：市场绩效	
	模型 1	模型 2	模型 3	模型 4
直接驱动者	0.118	0.124	0.163**	0.183**
资源整合能力	0.532***	0.523***	0.513***	0.484***
直接驱动者×资源整合能力		0.057		0.178*
R^2	0.273	0.274	0.313	0.324
F	56.193***	37.538***	68.196***	47.803***
调整后的 R^2	0.268	0.266	0.308	0.317

***表示 $p<0.01$，**表示 $p<0.05$，*表示 $p<0.1$

3. 创新管理能力的调节作用检验

由表5.18知，与在机会识别能力和资源整合能力调节作用检验中一样，稳定影响者在创新管理能力检验的回归模型中对企业绩效的影响依然不显著，即使稳定影响者与创新管理能力乘积为正且显著，对比模型1与模型2、模型3与模型4，模型 R^2 也有所增加，但仍无法说明创新管理能力能正向促进稳定影响者对企业绩效的影响，因此假设 H5.3a、假设 H5.3b 无法得到证实。

表 5.18　创新管理能力对稳定影响者与企业绩效调节作用检验结果

自变量	因变量：财务绩效		因变量：市场绩效	
	模型 1	模型 2	模型 3	模型 4
稳定影响者	0.038	0.015	0.015	−0.019
创新管理能力	0.531^{***}	0.524^{***}	0.54^{***}	0.529^{***}
稳定影响者×创新管理能力		0.171^{*}		0.256^{**}
R^2	0.236	0.247	0.267	0.294
F	46.388^{***}	32.698^{***}	54.625^{***}	41.511^{***}
调整后的 R^2	0.231	0.239	0.262	0.287

***表示 $p<0.01$，**表示 $p<0.05$，*表示 $p<0.1$

由表5.19知，创新管理能力对中间影响者与财务绩效间的调节作用不显著，但对中间影响者与市场绩效间的正向调节作用显著。在模型 2 中，加入中间影响者与创新管理能力的乘积项，企业财务绩效 R^2 与模型 1 相比没有变化，假设 H5.3d 未通过检验；在模型 4 中，加入中间影响者与创新管理能力的乘积项之后，市场绩效的 R^2 相比于模型 3 增加了 6.7%，且该回归系数显著，因此证实了假设 H5.3c。

表 5.19　创新管理能力对中间影响者与企业绩效调节作用检验结果

自变量	因变量：财务绩效		因变量：市场绩效	
	模型 1	模型 2	模型 3	模型 4
中间影响者	0.125^{**}	0.125^{**}	0.038^{*}	0.030^{*}
创新管理能力	0.04^{*}	0.496^{***}	0.529^{***}	0.516^{***}
中间影响者×创新管理能力		0.001		0.145^{**}
R^2	0.255	0.255	0.269	0.287
F	51.421^{***}	34.167^{***}	55.169^{***}	40.194^{***}
调整后的 R^2	0.250	0.248	0.264	0.280

***表示 $p<0.01$，**表示 $p<0.05$，*表示 $p<0.1$

由表 5.20 知，创新管理能力对直接影响者与财务绩效和市场绩效有正向调节作用。在模型 2 中加入直接影响者与创新管理能力的乘积项后，企业财务绩效的 R^2 增加了 2.3%，并且该回归系数是显著的，说明创新管理能力在直接影响者与企业财务绩效之间具有调节作用，因此证实了假设 H5.3f；对比模型 3 与模型 4，加入直接影响者与创新管理能力的乘积项之后，市场绩效的 R^2 增加了 13.3%，并且该回归系数是显著的，说明创新管理能力在直接影响者与市场绩效之间具有较强正向调节作用，因此证实了假设 H5.3e。

表 5.20　创新管理能力对直接影响者与企业绩效调节作用检验结果

自变量	因变量：财务绩效		因变量：市场绩效	
	模型 1	模型 2	模型 3	模型 4
直接影响者	0.175**	0.194***	0.184***	0.299***
创新管理能力	0.444***	0.421***	0.444***	0.390***
直接影响者×创新管理能力		0.100*		0.244***
R^2	0.257	0.263	0.293	0.332
F	51.910***	35.560***	62.283***	49.562***
调整后的 R^2	0.252	0.256	0.289	0.325

***表示 $p<0.01$，**表示 $p<0.05$，*表示 $p<0.1$

由表 5.21 回归结果可以看出，对比模型 1 与模型 2，加入直接驱动者与创新管理能力的乘积项之后，企业财务绩效的 R^2 增加了 1.2%，并且该回归系数是显著的，说明创新管理能力在直接驱动者与企业财务绩效之间具有调节作用，因此证实了假设 H5.3h；对比模型 3 与模型 4，加入直接驱动者与创新管理能力的乘积项之后，市场绩效的 R^2 增加了 8.5%，并且该回归系数是显著的，说明创新管理能力在直接驱动者与市场绩效之间具有正向调节作用，因此证实了假设 H5.3g。

综合上述分析，本章假设检验结果汇总如表 5.22 所示。

表 5.21　创新管理能力对直接驱动者与企业绩效调节作用检验结果

自变量	因变量：财务绩效		因变量：市场绩效	
	模型 1	模型 2	模型 3	模型 4
直接驱动者	0.159*	0.173***	0.201***	0.237***
创新管理能力	0.472**	0.450***	0.461***	0.403***
直接驱动者×创新管理能力		0.095*		0.253***

续表

自变量	因变量：财务绩效		因变量：市场绩效	
	模型1	模型2	模型3	模型4
R^2	0.251	0.254	0.294	0.319
F	50.162***	33.915***	62.400***	46.786***
调整后的 R^2	0.246	0.246	0.289	0.313

***表示 $p<0.01$，**表示 $p<0.05$，*表示 $p<0.1$

表5.22　研究假设总结

编号	假设内容	是否支持假设
H5.1a	机会识别能力正向调节稳定影响者与市场绩效之间的关系	否
H5.1b	机会识别能力正向调节稳定影响者与财务绩效之间的关系	否
H5.1c	机会识别能力正向调节中间影响者与市场绩效之间的关系	是
H5.1d	机会识别能力正向调节中间影响者与财务绩效之间的关系	是
H5.1e	机会识别能力正向调节直接影响者与市场绩效之间的关系	是
H5.1f	机会识别能力正向调节直接影响者与财务绩效之间的关系	是
H5.1g	机会识别能力正向调节直接驱动者与市场绩效之间的关系	是
H5.1h	机会识别能力正向调节直接驱动者与财务绩效之间的关系	是
H5.2a	资源整合能力正向调节稳定影响者与市场绩效之间的关系	否
H5.2b	资源整合能力正向调节稳定影响者与财务绩效之间的关系	否
H5.2c	资源整合能力正向调节中间影响者与市场绩效之间的关系	是
H5.2d	资源整合能力正向调节中间影响者与财务绩效之间的关系	否
H5.2e	资源整合能力正向调节直接影响者与市场绩效之间的关系	是
H5.2f	资源整合能力正向调节直接影响者与财务绩效之间的关系	否
H5.2g	资源整合能力正向调节直接驱动者与市场绩效之间的关系	是
H5.2h	资源整合能力正向调节直接驱动者与财务绩效之间的关系	否
H5.3a	创新管理能力正向调节稳定影响者与市场绩效之间的关系	否
H5.3b	创新管理能力正向调节稳定影响者与财务绩效之间的关系	否
H5.3c	创新管理能力正向调节中间影响者与市场绩效之间的关系	是
H5.3d	创新管理能力正向调节中间影响者与财务绩效之间的关系	否
H5.3e	创新管理能力正向调节直接影响者与市场绩效之间的关系	是
H5.3f	创新管理能力正向调节直接影响者与财务绩效之间的关系	是
H5.3g	创新管理能力正向调节直接驱动者与市场绩效之间的关系	是
H5.3h	创新管理能力正向调节直接驱动者与财务绩效之间的关系	是

从回归结果可以看出，稳定影响者对企业绩效的影响普遍不太显著，此外资源整合能力对财务绩效的影响能力有限。首先在回归过程中，稳定影响者本身对企业绩效的影响作用并不显著，但三种协调能力均对企业绩效产生正向影响，二者乘积项综合了两种因素的影响效果，虽然在 5%的置信水平下显著，但显著程度较低。从协调能力对稳定影响者与企业绩效之间的调节作用来看，协调能力会正向促进企业绩效，但不改变稳定影响者本身对绩效的影响。稳定影响者包括政策、科技水平等在短时间内不易改变的因素，因此在截面数据中并不易体现出稳定影响者对企业绩效的影响，而在相关事件，如市场政策改变、突破性的科技产生等发生前后，稳定影响者对企业绩效的影响作用会十分明显。在收集到的问卷中，被调查者普遍认为稳定影响者对企业绩效有很大影响，但在未发生相关事件时，稳定影响者的作用效果并不能直接体现在企业绩效之中，因此在回归结果中并不显著。

资源整合能力对企业内部组织结构、知识吸收能力等都有较高要求，是企业运营管理能力的重要体现。从回归结果来看，资源整合能力对市场绩效的影响更加显著，而对财务绩效的影响相对较弱，是因为资源整合行为需要一定成本，如企业在完成并购等行为时市场规模扩大、市场影响力增强，但盈利能力并不会立刻体现，需要过一段时间才开始盈利，当然也不排除在资源整合后立即产生盈利的情况。本书的研究样本多为成立 10 年以上的企业，已具备一定市场规模，资源整合所涉及的内部关联复杂，不如刚起步的企业操作灵活，因此财务绩效的体现存在滞后。

5.5　本章小结

基于实证检验结果，发现协调能力对不同商业模式要素的协调作用有所差异，不同协调能力对企业绩效的促进作用也存在差别。三种协调能力在稳定影响者和企业绩效之间的正向促进效应整体不太显著，但协调作用本身对企业绩效的正向影响十分明显。由于市场运作和财务效果的产生之间存在时滞，资源整合能力对财务绩效的促进能力较弱，但总体而言，协调能力对促进商业模式对企业绩效具有正向影响。因此，对企业而言，认识到协调能力的重要性，并能通过自我调整切实提高企业自身的协调能力，对企业的发展具有重大意义。协调能力体现了一个企业对市场变化的适应能力和获得可持续竞争能力的潜力，在复杂的商业生态系统中，只利用自身资源的企业失去了成为市场主导的绝对优势。在互联网技术的推动下，能快速接受和消化外部资源与信息的新兴企业依靠灵活的组织管理形式已经对成熟企业的市场地位造成了威胁。因此，不论是成熟企业还是新兴企业，只要共存于商业生态系统中都应该通过改革创新不断提高自身的调节能力。

第 6 章　商业模式对企业绩效影响的系统仿真研究

本书前面几个章节通过理论分析、案例分析对商业生态系统视角下的商业模式进行了界定，并以问卷调查数据为基础，对商业模式与企业绩效之间的关系以及协调能力在其中的作用进行了回归分析。虽然回归效果显著，但回归分析仅仅考虑了因变量与自变量之间的简单关系，并未从系统角度对其有一个全面的研究。因此，本章主要运用系统动力学方法，从系统的角度研究商业模式对企业绩效的影响。通过前文对商业模式的理论分析及得到调查问卷数据可知，首先，本书分析了以系统动力学研究商业模式对企业绩效影响的适用性及可行性；其次，本书运用系统动力学构建了商业模式对企业绩效影响的因果回路图，从定性角度对系统框架及结构进行说明；最后，本书基于调查问卷及前文实证研究所得数据，将商业模式对企业绩效影响的存量流量图进行赋值，并对模型进行仿真预测，同时基于不同情景模拟商业模式对企业绩效的影响。

6.1　系统动力学概述

▶▶ 6.1.1　系统动力学简介

美国麻省理工学院的 Forrester 教授最早提出了系统动力学的概念。

系统动力学创立的最初目的是研究员工入职及离开情况与企业管理的关系，以及股票不稳定性特征的影响因素等问题。之后，系统动力学扩展到了更加广泛的范围，如学习型组织、项目管理、供应链管理等领域，并取得了良好的效果。我国最早开始研究系统动力学的时间稍晚一些，20 世纪 70 年代成立了属于我国自己的系统动力学学会，进而将系统动力学扩展到了国内相关研究领域，系统动力学学科发展更加壮大。

系统动力学是从系统的角度对问题进行研究，它将定性分析与定量研究结合在一起，从而使其具有处理高阶、复杂、时变系统的能力，同时系统动力学的反馈控制是其独特的特点。最初系统动力学依靠 Dynamo 的编程语言进行模型构建，在国内外学者的共同努力下，如今已经形成了可视化较强的仿真软件，如 Vensim、Powersim、Ithink 等，缩减了编程过程中的大量工作，极大简化了模型构建过程。

系统动力学主要有以下几项重要内容。

1. 系统边界

在系统动力学建模当中，系统边界实际上是一个假象的轮廓，对于与研究相关的问题，将其归入系统内部。因为模型探究对象存在差异，或是研究对象虽然一样，但不管是建模目的或是问题实质都存在差异，即使是同一问题，其系统边界也必定存在差异。界定系统的边界需要一定的原则，主要包括以下几个方面：与研究问题相关的变量加入系统内部，与研究问题不相关或者不予研究的变量放入系统外部；在系统内部，系统中的反馈环必须具有完整的闭合的回路；在对模型进行定量分析时，需要进行定性、定量分析同时确保模型与现实世界拟合度更高。综上，在系统边界确定过程中有两个重要因素：关键因素的涵盖以及无关因素的排除。

2. 因果链和反馈回路

作为系统动力学的关键特征，因果关系是必不可少的，正是由各变量之间的因果关系，才构成了系统的反馈关系。进行系统动力学建模时，这些变量间因果关系分析是前提基础，是定性描述系统结构。

　　一般对于元素因果关系采用箭头进行表示，如　A→B，前者代表原因，后者意味着结果。这一过程代表 A 作用于 B，即变量 B 会随着 A 的变化而发生改变。因果关系存在正负之分，若是 B 会随着 A 的增加或是减少进而增加或是减少，那么二者的变化属于同向性，即称作正或是负因果链。正（+）表示该因果链是正向的，负（-）表示该因果链是负向的。通过因果链的极性的表述来对某一变量改变导致另一变量的改变进行定性表述（图 6.1）。

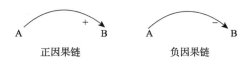

正因果链　　　　　　　负因果链

图 6.1　因果链图

　　反馈环是由系统因果链所形成的闭合回路，在反馈回路当中，其负因果链数量对整个回路极性起着决定作用，如果负向因果链是奇数，那么最后反馈回路其极性是负"–"，反之亦然。在正反馈环当中，变量的改变会导致其朝向同一方向变化的态势增加；而负反馈环会形成减弱效应，最终将会产生趋于稳定的结果（图 6.2）。

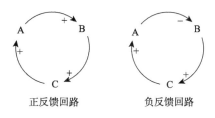

正反馈回路　　　　　　　负反馈回路

图 6.2　因果反馈回路

　　反馈环体现了系统中各变量的变化对系统整体的影响。在正反馈回路中，变量 B、变量 C 和变量 A 之间具有正向的因果关系，这种正向的反馈最终结果是变量 A 不断增长；在负反馈回路中，变量 A 与变量 B 之间具有负的因果关系，A 的不断增加会导致 B 的不断减少，B 的不断减少又会对 C 产生减少作用，最终结果会产生一个动态收敛的现象。无限增长在实际当中是不存在的，将负反馈加入正反馈为主导的系统当中能够起到调节功效，进而有效抑制系统持续增加的效果。

3. 变量

在模型构建过程中，需要对变量性质、变量类型及变量间数量关系进行有效区别，同时构建相应的模型方程，要把系统因果回路图变成系统流图。变换后的图要包含不同因果关系链当中的元素、常数变量，对变量数量关系进行描述的函数等。

系统动力学的系统流图主要包含以下几类变量。

（1）状态变量：也叫水平变量，是对积累效应进行阐述的变量，即一段时间间隔内其变化量，就是这一时间内流入速率和流出速率差值与时间乘积。

（2）速率变量：速率变量主要衡量状态变量的变化过程，变化单位以系统设置的单位为基础。主要体现了系统流图中的流的概念。

（3）辅助变量：其代表系统当中某一元素其时变变量，主要是对状态变量、速率变量间信息进行传递。

（4）流：在系统动力学模型当中，信息流、物质流是最为常见的流。前者代表传递信息，后者代表物质传递。

▶▶　6.1.2　系统动力学建模步骤

在运用系统动力学研究问题时的主要步骤如图 6.3 所示。

具体表述如下。

（1）确定系统边界。首先要对研究的问题具有深刻理解，才能在此基础上确定系统边界，即应该纳入系统中的变量以及系统最终要实现的目标。

（2）分析系统结构。确定了系统边界及系统中主要变量之后，就要对模型进行初步的构建。若系统较大，可将系统分为几个子系统分别构建，然后将各个子系统结合成一个大的综合系统。

（3）建立模型及参数设定。根据综合系统的架构及各子系统的划分，分别绘制因果回路图及存量流量图，并对存量流量图中的变量的方

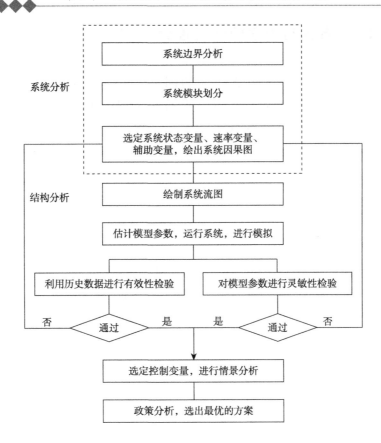

图 6.3　系统动力学模型构建步骤

程及变量间的关系进行确定。

（4）检验模型。模型构建完成之后，需要对模型的可行性、现实性、灵敏性等问题进行检验。首先要对模型中变量的单位进行检查，其次要检验模型运行结果是否与实际情况相符，以确保该模型的构建是可行有效的。

（5）情景仿真模拟。模型检验通过后，便可对模型进行仿真模拟。主要分为预测模拟和情景仿真模拟，后者主要是指设定不同的模型运行条件，如通过改变模型中某一政策变量的值，观察目标变量的变化过程，以确定最优状态的模型方案，为政策制定者提供有效的政策建议。

▶▶ 6.1.3 系统动力学的适用性分析

本书上述章节对影响企业绩效的因素进行了问卷调查并以结构方程模型进行了分析，得到了不同因素对企业绩效的影响；随后又研究了协调能力在商业模式对企业绩效影响中的调节作用，但是仅采用回归的方法，对于各因素之间的动态关联关系、反馈关系没有进一步说明。系统动力学理论中蕴含的因果联系、系统反馈、动态演化等特征能够很好地刻画并展现各变量之间的关系，因此对于研究商业模式对企业绩效的影响十分有效。企业内部各种因素之间复杂的关联关系，可以用系统动力学的因果回路图和系统流图来刻画。基于系统动力学模型架构，可以对企业内部各种因素的关系及运行状态进行动态仿真，进而用以分析商业模式对企业绩效的影响，在此基础上，对各种外部环境条件的变化进行模拟，借此选择企业合理的发展策略。

6.2 商业模式对企业绩效影响的系统动力学模型构建

本节运用系统动力学方法，通过对企业内部运行过程及相关变量进行分析，构建商业模式对企业绩效影响的系统动力学模型，并绘制因果回路图，最后将展示定性关系的因果回路图转化为定量分析的存量流量图。

▶▶ 6.2.1 系统界定与结构分析

基于系统动力学方法，构建商业模式对企业绩效影响的系统动力学模型，以期能解决以下几个问题。

（1）直观地展示企业内部各因素之间的相互关系。

（2）预测未来一定期限内企业绩效的变化情况。

（3）通过调整企业内外部的相关变量，达到提高企业绩效的目的，识别影响企业成长过程中的关键因素。

为了实现以上分析目标，本书运用系统动力学模型构建商业模式对企业绩效影响的因果回路图及存量流量图，并对模型进行仿真模拟。

▶▶ 6.2.2 商业模式对企业绩效影响的因果回路图

结合企业运行过程中的特点，用系统分析方法，确定系统的各个层次及其之间的关系，通过对企业内外部各变量之间的分析，确定因果关系及反馈回路，并运用 Vensim 软件构建了商业模式对企业绩效影响的因果回路图，如图 6.4 所示。

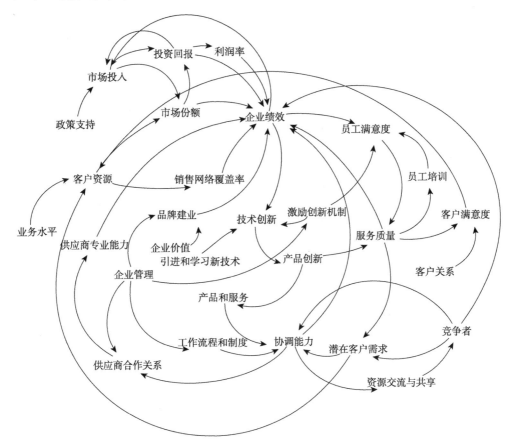

图 6.4 商业模式对企业绩效影响的因果回路图

在商业模式对企业绩效影响的因果回路图中，包含着各变量之间的因果关系，由错综复杂的因果关系，又构成了多条反馈环，其中主要的正反馈环有以下几个。

（1）协调能力→ +供应商合作关系→ +供应商专业能力→ +企业绩效→ +技术创新→ +产品创新→ +服务质量→ +潜在客户需求→ +协调能力

（2）服务质量→ +员工培训→ +员工满意度→ +服务质量

（3）服务质量→ +潜在客户需求→ +客户资源→ +市场份额→ +企业绩效→ +员工满意度→ +服务质量

（4）市场投入→ +市场份额→ +投资回报→ +市场投入

（5）客户资源→ +销售网络覆盖率→ +企业绩效→ +员工满意度→ +服务质量→ +客户资源

（6）协调能力→ +企业绩效→ +技术创新→ +产品创新→ +产品和服务→ +协调能力

正反馈环在系统中起到了促进的作用，即通过正反馈环的作用，反馈环中各变量存在一个增加的效果。其中，协调能力通过增加与供应商合作的关系，从而提高了供应商的专业能力，进而对企业绩效具有提高的作用。企业绩效的提高，又会促使企业在技术创新及产品创新方面的投入有所增加，这会对服务质量有一定程度提高。服务质量的提高挖掘了更多的潜在客户，潜在客户需求的增加又会从另一方面对协调能力有一个提高。企业产品的服务质量提高，潜在客户需求就会增加，潜在客户需求的增加使得企业拥有了更多的客户，从而增加了其市场份额，自然对企业绩效有一定的促进作用，企业绩效提高会使企业内部的员工荣誉感提升，从而增加了员工的满意度，员工会更加热情地投入工作当中，这又提高了企业产品的服务质量。企业客户资源增加后，其销售网络覆盖率随之扩展到更广阔的范围，从这一角度又提高了企业的绩效，企业绩效的提高增加了员工对企业的信任度及支持度，从而提高了员工满意度，精神需求得到满足后员工的服务质量会有所提高，从而又使得客户资源增加。

主要的负反馈环有以下几个。

（1）协调能力→ +资源交流与共享→ +竞争者→ -企业绩效→ +技术创新→ +产品创新→ +产品和服务→ +协调能力

（2）协调能力→ +资源交流与共享→ +竞争者→ -潜在客户需求→

+协调能力

负反馈环在系统中起到稳定的作用，使得系统不会无限增长，更符合现实当中的情况。在协调能力对企业绩效影响的系统中，负反馈主要是围绕竞争者展开的。其中，协调能力提高后，会对企业的资源交流与共享具有促进作用，资源的交流与共享使得竞争者对本企业及本产品的市场更加了解，从而增加了企业的竞争者，竞争者的增加会抢占市场份额，从而会使得企业绩效有所减少，企业绩效减少后，对技术及产品创新的投入也会缩减，这在一定程度上降低了企业产品的服务，从而又使得协调能力减弱。竞争者的增加，又会使得本企业的潜在客户需求一定程度上减少，这又会对协调能力有一个负向的影响。

在本书所构建的商业模式对企业绩效影响的因果回路图中，包含了前文构建的基于商业生态视角下的商业模式的稳定影响者、中间影响者、直接影响者及直接驱动者。其中，稳定影响者未包含宏观经济环境、行业环境及技术环境，这是因为本书所构建的模型是一般模型，而非针对特定行业、特定经济环境下的特定企业，因此未将这三个变量纳入模型当中；中间影响者中的投资者关系同样未纳入本模型，这主要是因为本书所构建的模型并非针对投资型企业，而是针对一般企业；直接影响者中的三个要素均被纳入模型当中，其中产品能力主要通过"产品和服务"变量体现，整合能力主要通过"资源交流与共享"变量体现，管理能力主要通过"企业管理能力"体现；直接驱动者中主要包含顾客价值、企业价值和企业愿景三个要素，顾客价值和企业愿景主要通过企业价值来体现，因此本模型包含了企业价值而并未包含另外两种要素。基于以上分析，在本书的商业模式对企业绩效影响的模型中，涵盖了本书所构建商业模式中一般性企业所必需的要素。

►► 6.2.3　商业模式对企业绩效影响的存量流量图

系统动力学模型在构建过程中所涉及的主要变量类型包括状态变量、速率变量、辅助变量、常量与流量。本书在构建商业模式对企业绩效影响的系统动力学模型过程中，上述变量均有涉及，因此首先对模型构建过程中的关键变量及变量类型进行说明，变量说明如表 6.1 所示。

表 6.1　系统关键变量说明

变量类型	变量名
状态变量	企业绩效、协调能力
速率变量	企业绩效增加、企业绩效减少、协调能力增加
辅助变量	市场投入、客户资源、品牌建设、技术创新、产品创新、激励创新机制、工作流程和制度、资源交流与共享、员工满意度、客户满意度、服务质量、客户资源、竞争者、机会识别能力、潜在客户需求、供应商合作关系、销售网络覆盖率
常量	政策支持、业务水平、引进和学习新技术、企业管理能力、员工培训

　　设定各变量类型之后，根据变量类型及商业模式对企业绩效影响的因果回路图，以及系统自身的结构特点建立了商业模式对企业绩效影响的存量流量图，如图 6.5 所示。

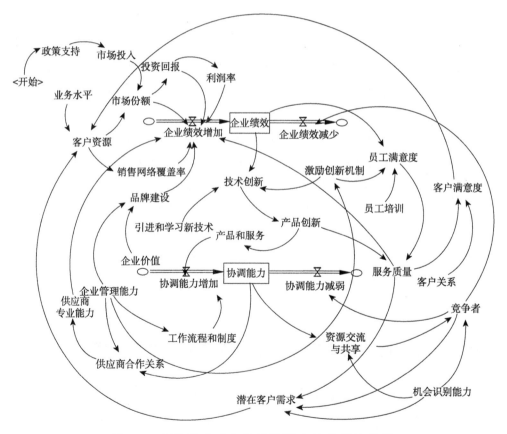

图 6.5　商业模式对企业绩效影响的存量流量图

该结构模型图以上文绘制的商业模式对企业绩效影响的因果回路图作为基础。其中，模型中各因素之间的关系通过变量之间的方程得到体现，变量之间的数学关系由变量的因果关系得到。在模型参数设置及方程确定的过程中，主要利用调查问卷相关数据及统计资料。部分变量由历史统计资料、国家标准直接得到；部分参数之间的数学函数关系通过建立回归方程确定；部分方程借鉴已有研究中的相关参数及成熟公式；部分变量由系统动力学中独特的表函数进行设置。

模型中设定时间期限是 10 年，初始时间为 2010 年，截止时间为 2020 年，时间步长为 1 年。

6.3　商业模式对企业绩效影响系统仿真模拟

▶▶　6.3.1　模型检验

系统动力学模型构建完成之后，需要对模型本身的正确性及与现实的相符程度进行测量，主要包括模型检查和模型测试。前者首先根据研究的问题，结合基础理论与系统动力学的建模原则，对模型的边界、变量的定义、变量类型、因果回路图和模型方程进行检验，其次运用软件进行模拟时，软件自身的测试功能会自动检查模型结构、模型方程及系统参数的合理性。后者包括极端测试及现实性测试，本章主要进行极端测试，极端测试是指改变某一变量到极限值，观察另一变量对这一反应的变化，测试模型结果是否符合现实情况。

1. 模型检查

首先对模型进行逻辑检查，即模型基础设置、变量单位、变量间关系等是否准确。由于企业内财务、市场等数据均为按年汇总统计，模型的步长单位选择年，时间范围设定为 2010~2020 年。模型中的方程式由调研以及文献参考所得，模型结构由因果关系确定。变量方程是通过统计数据拟合而来的，变量的单位经检查是统一的，所以模型检查合格。

2. 模型测试

将模型中的服务质量由初始状态调整为 0，观察模型中企业绩效的变化，如图 6.6 所示。初始状态企业绩效呈现增加的状态，极端情况下企业绩效出现减小的情况，这与实际情况基本相符，模型通过极端测试。

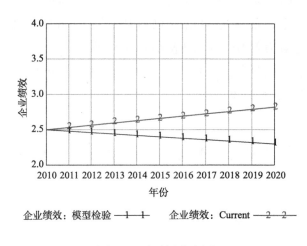

图 6.6　极端测试图

▶▶　6.3.2　模型预测

本书所构建的系统动力学模型是一般性模型，并不是针对现实中某一企业或企业的特例，一般性模型的优势在于模型结构的稳定性以及模型的适用性，通过将企业运行的数据带入模型，可以对企业运行中遇到的诸多问题进行仿真模拟，同时考虑到系统动力学方法本身的局限性，尤其是现行企业运行中的非线性、交互性及复杂性特征，对于企业短期情况的准确刻画误差仍较大，其主要目标是侧重于分析企业的长期变化趋势与演化路径。

对以上构建系统动力学进行预测模拟，得到企业绩效及协调能力的预测结果，如图 6.7 和图 6.8 所示。

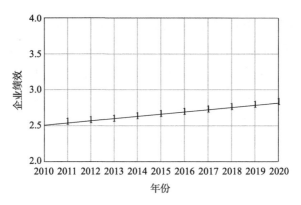

图 6.7　企业绩效预测结果

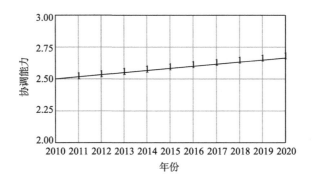

图 6.8　协调能力预测结果

由图 6.7 和图 6.8 可以发现，对协调能力及企业绩效进行预测，两者均存在逐年增加的状态，企业绩效由初始状态的 2.5 增加到模型仿真期限的最后一年的 2.86，协调能力由初始状态的 2.5 增加到 2.66，在模型模拟的 10 年内协调能力及企业绩效均有所增加。

▶▶　6.3.3　情景仿真模拟

1. 商业模式对企业绩效影响情景仿真

在特定商业生态系统下的商业模式是否会对企业绩效具有显著改善作用，是本章研究的重点。依据前文对商业模式中稳定影响者、中间影响者、直接影响者和直接驱动者的划分，本节设置两种情景模式分别进行仿真模拟，探究对企业绩效影响最为显著的影响者。

1）改善中间影响者

根据第 3 章对商业模式中中间影响者的界定，中间影响者主要包括消费者关系、供应者关系、竞争者关系和投资者关系，本节通过改善其中的消费者关系，研究中间影响者对企业绩效的影响，即将消费者关系由初始状态的 0.5 提高到 0.75，即改善消费者关系至原有状态的 1.5 倍，仿真模拟其对企业绩效的影响，结果如图 6.9 所示。

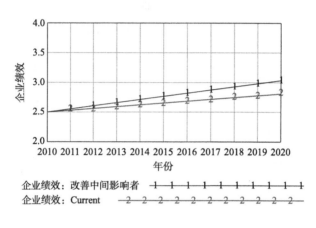

图 6.9　改善中间影响者对企业绩效的影响

由图 6.9 的仿真结果可以发现，在改善中间影响者中的消费者关系之后，企业绩效在模型仿真模拟的时间范围内得到一定的提升，到 2020 年企业绩效增加到 3.0，相对于初始状态下 2020 年企业绩效为 2.816，提高效果显著。说明商业模式中的消费者关系对于企业的绩效具有重要影响，企业与消费者之间的良好关系是企业发展、提升企业绩效、实现企业价值的关键。因此，企业在设计商业模式时，建立并维持良好的消费者关系对提升企业绩效的意义十分重大。

2）改善直接影响者

在该情景模式下，通过改善直接影响者中的企业管理能力，将企业管理能力提高至原有状态 1.5 倍，模拟企业绩效的变化情况，仿真结果如图 6.10 所示。

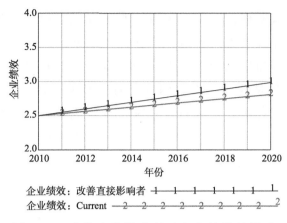

图 6.10　改善直接影响者对企业绩效的影响

由图 6.10 的仿真结果可以发现，在改善直接影响者中的企业管理能力之后，企业绩效得到一定的提升，由初始状态下的 2.5 增加到 2.816，改善企业管理能力后，企业绩效在 10 年内增加了 0.284，提高效果显著。说明商业模式中的企业管理能力也是影响企业的绩效核心要素，健康有序的企业管理可以有效促进企业的生产活动及业务开展，从而提升企业绩效。

3）两种情景比较

将改善直接影响者（企业管理能力）与中间影响者（消费者关系）两种情景进行比较，对比分析如图 6.11 所示。

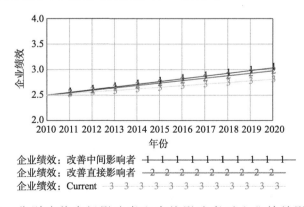

图 6.11　分别改善中间影响者和直接影响者对企业绩效影响比较

图 6.11 的仿真结果展示了分别改善中间影响者和直接影响者对企业

绩效的影响，可以发现，从长远来看，改善直接影响者比改善中间影响者对企业绩效的提升效果更为显著。根据仿真结果，在 5 年以内，改善商业模式中直接影响者与中间影响者对企业绩效的影响效果不大，两者之间的差在 0.1 以内；但从长远来看，两者之前的差距上升至接近 0.5。由此可见，商业模式中的直接影响者对企业维持竞争优势具有重要意义，企业应关注直接影响者中的各因素，从而有效提高企业绩效，增强企业竞争力。

2. 协调能力对企业绩效影响情景仿真

为了研究协调能力对企业绩效的影响，本章分别设置三种情景进行仿真模拟，以确定协调能力对企业绩效的影响。以上章节已经对协调能力进行分类，分别为创新管理能力、资源整合能力、机会识别能力，以下以这三种能力为基础，分别设置三种情景仿真如表 6.2 所示。

表 6.2　情景设定

情景类型	情景设定
情景 1	企业创新管理能力提高 1.5 倍
情景 2	企业资源整合能力提高 1.5 倍
情景 3	企业机会识别能力提高 1.5 倍

1）提高企业创新管理能力

创新管理能力对协调能力具有重要作用，提高企业的创新管理能力，即将员工培训提高初始状态的 50%，协调能力及企业绩效变化分别如图 6.12 和图 6.13 所示。

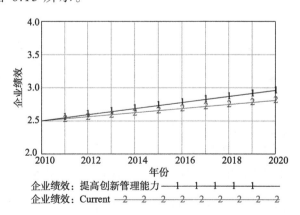

图 6.12　提高创新管理能力对企业绩效的影响

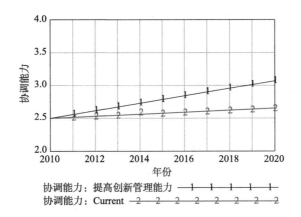

图 6.13 提高创新管理能力对协调能力的影响

由以上仿真结果可以发现，在提高企业创新管理能力之后，协调能力及企业绩效均有不同程度的提高，其中，企业绩效由 2.86 增加到 2.96，协调能力由 2.66 增加到 3.07，分别增加了 0.1、0.41，提高效果显著。说明企业创新管理能力对于商业模式的实施具有重要影响，若企业内部管理能力及对产品和技术的创新能力提高，则企业绩效将会有明显提高。

2）提高企业资源整合能力

为了模拟提高资源整合能力之后协调能力及企业绩效的变化情况，将引进学习新技术提高为初始状态的 1.5 倍进行情景模拟，结果如图 6.14 和图 6.15 所示。

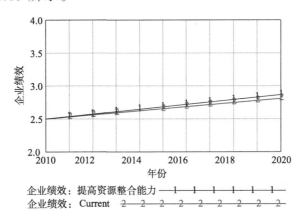

图 6.14 提高资源整合能力对企业绩效的影响

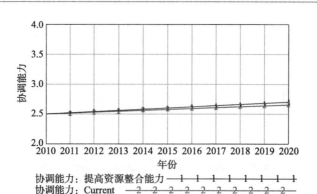

图 6.15　提高资源整合能力对协调能力的影响

由以上仿真结果可以发现，在提高资源整合能力之后，协调能力及企业绩效相对于初始状态的仿真结果分别提高了 0.03 和 0.01，提高效果非常微弱，说明资源整合能力对企业绩效的影响显著性不高。Teece（2007）和 Achtenhagen 等（2013）对于资源整合能力在商业模式中的重要作用进行了研究，认为其是实施商业模式的关键要素。这与本书存在一定出入，这可能是由于本书数据基于国内市场进行，而以上文献是基于国外市场，市场环境的不同导致了结果存在差距，在我国的企业中，资源整合能力对于企业绩效的提升作用虽然存在但稍显薄弱。

3）提高企业机会识别能力

机会识别能力是指企业能够通过了解市场、竞争者、客户需求等情况而抓住机遇，从而提高企业的绩效，在此情景模拟中，将机会识别能力提高 50% 之后，进行情景仿真模拟，仿真结果如图 6.16 和图 6.17 所示。

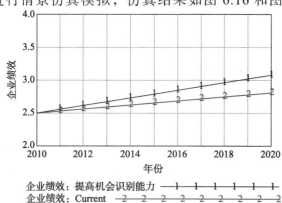

图 6.16　提高机会识别能力对企业绩效的影响

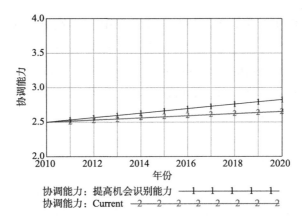

图 6.17　提高机会识别能力对协调能力的影响

　　从以上仿真结果可以发现，当提高企业机会识别能力之后，企业绩效及协调能力分别增加了 0.161、0.259，可见机会识别能力对企业绩效的提高具有显著的影响。当企业高层管理者具有对外界环境及商业机会良好的识别能力时，能够更准确地把握住商业市场中的机会，从而推行更加适合本企业的商业机会，增加了企业绩效，这与已有研究中的结论相符，Helfat 和 Martin（2015）认为对于新创企业，企业管理者识别市场机会并获取机会的能力是商业模式实施的关键要素，对企业绩效的提高具有重要影响。

　　4）三种情景比较

　　将提高创新管理能力、提高资源整合能力、提高机会识别能力三种情景仿真结果进行对比，其结果对比如图 6.18 所示。

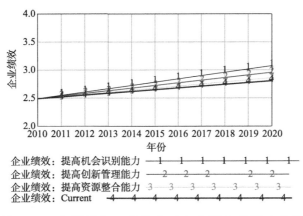

图 6.18　分别提高三种能力对企业绩效的影响比较

由图 6.18 可以发现，在三种协调能力中，提高机会识别能力对企业绩效的影响最大，其次是创新管理能力，而资源整合能力对企业绩效只有微弱的影响。在 Pohle 和 Chapman（2006）、Teece（2009）、Zott 等（2011）已有的研究中均认为协调能力在商业模式的实施过程中具有重要作用，从而对企业绩效的提升具有促进作用，这与本书的研究结论吻合，但是本书的不同之处在于本书将协调能力分为企业创新管理能力、企业机会识别能力及企业资源整合能力分别进行研究，且三者均在一定程度上对企业绩效的提升存在贡献度，尤其以企业机会识别能力最为显著，即企业对于市场及外部环境的感知能力对企业绩效的提升具有关键作用。

6.4　本　章　小　结

系统动力学理论蕴含的因果联系、系统反馈、动态演化等特征能够很好地刻画并展现各变量之间的关系，因此对于研究商业模式对企业绩效的影响十分有效。基于系统动力学模型架构，可以对企业内部各种因素的关系及运行状态进行动态仿真，进而用以分析商业模式对企业绩效的影响，在此基础上，对各种外部环境条件的变化进行模拟，借此选择企业合理的发展策略。本章首先构建了商业模式对企业绩效影响的因果回路图，在定性分析的基础之上，确定模型中的存量（企业绩效、协调能力）、流量及辅助变量之后，构建了用于定性分析的存量流量图。

基于调查问卷分析及前文实证研究所得数据，将存量流量图进行变量间关系的确定，基于此对模型进行了预测及仿真模拟，分别设置了两类情景模拟：商业模式对企业绩效的影响，协调能力对企业绩效的影响。第一类情景模拟的结论主要如下：①改善中间影响者及直接影响者后，企业绩效均会得到显著提高；②中间影响者及直接影响者对企业绩效的影响不同，且前者略高于后者。说明企业应关注建立与消费者、供应者、竞争者及投资者的良好关系。第二类情景模拟的结论主要如下：①提高企业创新管理能力及企业机会识别能力后，企业绩效得到显著提高；②提高企业资源整合能力后，企业绩效提高效果微弱；③将三种情景对比分析发现，对企业绩效提高最为显著的因素为机会识别能力，说明企业对外部环境的关注及识别能力在商业模式的实施过程中具有重要作用；而企业的资源整合能力对企业绩效的提升作用最小，企业创新管理能力对企业绩效的提升作用处于两者之间。基于以上结论，以期为企业绩效的提高提供有效的政策建议，即企业在关注内部管理及产品创新的基础之上，更要善于关注外部环境信息，同时关注与消费者、供应商等中间影响者之间的良好互动关系才能使商业模式有效实施，从而提升企业绩效。

第7章 策略建议

7.1 强化商业模式各要素联系，推动企业业务价值实现

在商业生态系统下的商业模式包括稳定影响者、中间影响者、直接影响者及直接驱动者一系列构成要素，根据第 3 章在商业生态系统下商业模式框架分析，这些要素相互关联、相互促进，在企业业务的开展以及价值的实现中扮演着十分重要的角色。

强化商业模式各要素联系，需要实现企业中间影响者、直接影响者与直接驱动者之间的兼容互动，企业的资源整合能力与企业价值的实现与中间影响者存在紧密联系，由于资源的有限性和特异性及企业盈利流程的通畅性，企业在设计商业模式时基于异质性资源，应该以持久且稳固为目标进行设计，从而构建难以模仿、难以替代、企业能有效且卓越实现企业业务价值的商业模式。在商业生态系统下，对于商业模式的设计，企业应该明确两个问题：第一，企业目前的资源应该如何定位才能更好地实现企业业务价值；第二，企业是否在常规管理中对企业实现业务价值的流程进行修正以达到增强其适应性的目的。在商业生态系统下的商业模式，企业可以通过整合与企业相关的内外部资源，对实现企业业务价值的流程进行优化或者再造，从而打通企业的价值链，不仅可以满足现有客户的要求、发现潜在客户，还可以实现产业间资源共享，为商业生态系统中的利益相关者创造价值。强化企业直接影响者（资源整合能力）与直接驱动者（实现企业业务价值流程）之间的兼容关系对企

业实现业务价值十分重要，这是因为企业获取及控制相关资源是基于企业业务的，因此这些资源势必与企业基础业务流程相互兼容、相互嵌套。无论是资源获取的方式，还是资源获取的形式都与企业业务价值实现的流程、合作等紧密联系。此外，对于关键的资源及流程，决策体系往往是复杂的，因此企业要想利用商业模式更好地实现企业业务价值，那么就应该在维系中间影响者基础上，积极强化直接影响者和直接驱动者之间的关系。

强化商业模式各要素联系，目的是希望企业能够在适应外部宏观市场环境的同时，密切关注企业内部在价值定位和实现等环节的活动之间的关联与协调性。结合现有研究及实证分析，本书建议企业在设计以及应用商业模式时，应该确保各要素之间理性的互动关系，且进行要素关系调整时，应该保持谨慎对其进行微调。由前文对商业模式理论及构成要素分析可知，商业模式各要素互相依存、缺一不可。某一要素的微小变动可能触发其他要素的转变，此外，如果企业对商业模式构成要素间的互动关联认识不足，对构成要素的地位未加重视，那么企业可能会因为竞争陷入不断追逐对"模式"创新的迷局中，因此，企业学习如何在各价值功能界面中寻求有效的协调机制尤为重要。

7.2 增强稳定影响者匹配性，提升企业绩效

在前文商业模式对企业绩效的影响实证分析中，可知商业模式的中间影响者、直接影响者及直接驱动者对企业绩效有显著影响，而稳定影响者在企业绩效提升中的作用并不明显。企业在设计商业模式时，综合考虑了宏观经济、市场及行业环境，企业业务的开展也是在适应稳定影响者的情况下进行的，政府作为社会经济调控的主体，应该在企业的发展中扮演更为重要的角色。政府除建立良好的市场引导外，还需关注企业行为模式，制定相关规则制度，设立各种约束，从而从战略层面引导企业的发展。

经过文献分析和对部分企业的采访可以发现，基于商业生态系统的

商业模式中，政府扮演着十分重要的角色，会战略性地引导企业发展，是商业模式的重要参与方。在政府参与的商业模式中，政府是商业模式稳定影响者、中间影响者、直接影响者与直接参与者的关键触动源。例如，在政府主导的社会投资建设中，如果政府产生购买行为，那么政府就是该商业模式中关键的中间影响者一员。政府作为稳定影响者中政策法规的实施者，对企业活动及经营盈利行为起到扶持和激励作用。又如，相关部门颁布的政策法规，对企业研究和开发的财政支持，以及对特殊购买群体的财政补贴等均会直接或间接影响企业对商业模式的设计与应用。与此同时，在商业生态系统中，政府的行为会对企业传导出一种激励信息，从而促进企业对自身发展的探索，动态调整商业模式中各要素的匹配性，从而提升企业绩效。

在商业生态系统视角下，商业模式的利益相关者的行动原则是利己原则，但就交易原则而言，各交易方应该秉持互利原则，因此要构建一个健康的"互利交换系统"，政府应该建立市场规则、社会规范及道德标准，从而构建并维护一个具有法治、标准和诚信的互惠交易系统。但是在"互利交换系统"中，由于不确定性的存在，即参与方会根据环境的转变而做出不同的决策，要实现这种模式的良性匹配，就意味着企业的商业模式应该转变，避免投机主义等，政府应该完善和建立一个广义的社会经济制度，引导企业强化稳定影响者的匹配性，从而为提升企业绩效提供保障。

7.3　关注直接影响者，夯实竞争基础

在企业的运行过程中，企业管理者扮演着重要角色，主要负责将企业内部运行及外部环境有利资源进行有效结合，达到有效实施商业模式的目的。产品能力、整合能力和管理能力，作为直接影响者的三个组成部分，自然引起管理层的高度关注。

中国科学院依托几十年的科技积淀，在面向国民经济主战场的成果转移转化方面，始终被实体经济层面高度关注。2012 年，笔者与联想之

星部分同事，对中国科学院生物技术领域的四个研究所的数百个课题组的成果转移转化工作进行了调研，有如下发现：①约有 10%的成果是具备产业化潜力的，其余的更多处在理论研究层面；②这些可以转移转化的成果，技术含量相对较高；③应该承认，科学家和企业家从本质上是有区别的；④成功的成果转化，依赖于优秀的科研团队、工程技术团队和企业管理团队的有效融合。中国科学院院所两级投资企业大多具备高科技概念，也涌现出了包括联想控股、新松机器人等成功企业。但相当多的企业年销售额多处在千万级到亿级，究其原因，在产品有序迭代、市场资源整合和企业内部管理三个方面，存在着巨大的进一步发展的潜力。"巨无霸""灰犀牛"，绝不仅仅是拥有几款优秀产品就可以成就的，对产品能力、整合能力和管理能力的切实强化，才可以夯实企业发展的基础。

7.4 认识协调能力对企业绩效的重要性，提升企业协调能力水平

　　实证结果显示协调能力对企业绩效有正向影响并可促进商业模式的不同组成部分对企业绩效的正向影响。在商业生态系统这一开放式的竞争环境下，企业发展所需的资源不仅仅来自自身。对于初创企业而言，业务形式单一且没有足够的规模优势，与市场上同行业的成熟企业相比自身资源不足，尤其是红海竞争激烈时，初创企业更加需要识别商业机会和市场动向的能力。即使是成熟的企业，科技创新、技术研发等也需要大量的消耗。通过跨越行业边界去寻找外部更多的知识资源与技术能力已逐渐成为一种发展趋势。在了解市场需求并定位所需资源后能否找到资源获取途径，获得所需资源后能否与已有资源有效整合也是决定企业发展效率的关键。在科技创新发展迅速的环境下，企业员工需要不断地通过学习提高对新知识、新技术的接受消化能力，因此企业对员工能力的培养也十分重要。企业自身的组织结构往往会影响其创新能力，内部激励制度是否公平有效、管理方式是否灵活，弹性会影响员工的工作

积极性与效率。不论是企业内部还是外部的协调能力都会对企业绩效产生显著促进作用，企业必须意识到这一点并根据自身情况做出积极改变以提升协调能力。

由于不同的协调能力对企业绩效作用效果不同，企业应明确自身的优势与劣势。采取行动与市场反应间滞后的存在，在实现资源整合后企业行为的效果可能不会立即反映在财务绩效中，而首先反映在产品或服务质量提升、市场份额扩大等市场绩效中，因此企业应从多方面客观地衡量协调能力为企业带来的价值。根据问卷调查结果，被调查者普遍认为市场环境、政策等稳定性因素会对企业的发展模式产生很大影响，提升协调能力的关键是使企业的资源和能力与新的市场需求及技术变革保持匹配。企业的资源能力存在差异，大企业自身资源能力相对充足，具有向外拓展优势，而小企业更加灵活，能根据环境及时做出调整。因此，企业应该结合自身优势并积极通过培育动态能力来提升财务和市场绩效水平。

7.5　识别外部环境信息，提升企业绩效

基于系统动力学对商业模式中协调能力与企业绩效关系的研究，企业机会识别能力、企业创新管理能力对企业绩效的提升具有重要影响，且企业机会识别能力对企业绩效的提升作用更为显著，这对企业的管理及运行提供了重要的策略建议。

首先，在企业的运行过程中，企业管理者扮演着重要角色，主要负责对企业内部的管理及将企业内部运行与外部环境有利资源进行有效结合，达到有效实施商业模式的目的。因此，在企业运行过程中，企业管理者应制定合理有效的企业制度以达到企业合理有效运行的状态；应时刻关注员工工作状态从而进行员工培训，以提高员工的服务质量及服务水平；更为重要的是，要注重技术及产品的创新，才能够在众多竞争者中创造出脱颖而出的产品，吸引潜在客户以占领更多市场份额。同时，企业不仅要关注企业内部的生产流程及管理，还要完成与供应商、分销

商等合作伙伴的高效合作，以增强企业的资源整合能力从而提高企业绩效。其次，商业模式是企业创造更多价值的一个重要因素，机会的识别能力在企业的决策中占据重要地位，当企业决策者能够及时、迅速地发现市场中的重要机会，以及对竞争者、潜在客户的状态具有敏锐嗅觉时，才能够更好地把握商业机会，从而实现企业价值。因此，企业更要关注外部环境信息，即有良好的机会识别能力，从而获得更多元的信息，这将更加有利于企业使用新颖的商业模式，在识别出本企业可以利用的商业机会的同时，决定采用何种模式以实现提高企业绩效的目标。

以建筑设计企业为例，传统上这类企业的主营业务大多以建筑方案、施工图设计为核心，在市场中竞争的是方案能力、业绩乃至报价，容易直接陷入低价竞争的恶性环境。审视这类业务的商业模式时，机会识别能力往往可以发挥重要的作用。甲方信息的识别依然可以应用"冰山理论"，企业应该努力挖掘、辨别那些"海平面"以下的需求，从而能够在设计环节更好地呼应甲方的潜在的使用需求，进而赢得项目。同样的，EPC（engineering procurement construction，工程采购施工，即总价合同条件下的对工程建设项目的设计、采购、施工、试运行等实行全过程或若干阶段的承包），尤其是以设计牵头的 EPC 形式的出现，也给传统设计单位的商业模式创新带来了新的机会。根据对 9 家上市企业的财报分析可以发现，多达 8 家已经或计划开展 EPC 相关业务。这也印证了机会识别能力在商业模式设计中的重要意义。

第 8 章　结论与展望

8.1　主要研究工作和结论

本书在相关研究的基础上，结合生态学和资源基础理论相关理论，对商业模式概念进行界定。本书认为商业模式是在基于目标企业所构建的商业生态系统中，针对一个业务进行的一系列符合商业逻辑的互利交换，进而实现业务所带来的价值目标。通过总结现有商业模式案例，提出在商业生态系统下商业模式构成要素及分析框架，认为商业模式分析需考虑稳定影响者、中间影响者、直接影响者和直接驱动者四要素，并设计量表运用验证性因子分析对该分析框架进行验证。

在明确商业生态系统视角下商业模式的构成要素后，构建商业模式对企业绩效影响的机理模型，设计量表并发放问卷进行数据收集，通过结构方程验证商业模式对企业绩效的影响。在构建概念模型时，将商业模式划分为稳定影响者、中间影响者、直接影响者和直接驱动者四要素，用财务绩效和市场绩效两个维度来衡量企业绩效。共回收问卷 334份，有效问卷为 303 份，问卷回收有效率为 90.72%。实证结果表明，稳定影响者对企业的财务绩效的影响不显著，但其与企业的市场绩效之间呈现显著的正相关关系。而中间影响者、直接影响者及直接驱动者均对企业的财务绩效和市场绩效有显著影响，企业的市场绩效与财务绩效之间也呈现显著的正相关关系。

引入协调能力来探究其在商业模式与企业绩效之间关系的调节作用，利用探索性因子分析，将协调能力划分为机会识别能力、资源整合能力和创新管理能力三个维度，各个维度在商业模式与企业绩效关系之间产生不同的调节作用。基于实证检验结果，发现协调能力对不同商业模式要素的协调作用有所差异，不同协调能力对企业绩效的促进作用也存在差别。三种协调能力在稳定影响者和企业绩效之间的正向促进效应整体不太显著，但协调作用本身对企业绩效的正向影响十分明显。由于市场运作与财务效果的产生之间存在时滞，资源整合能力对财务绩效的促进能力较弱。但总体而言，协调能力对促进商业模式的企业绩效有正向影响。因此，对企业而言，认识到协调能力的重要性，并能通过自我调整切实提高企业自身的协调能力，对企业的发展具有重大意义。协调能力体现了一个企业对市场变化的适应能力和获得可持续竞争能力的潜力，在复杂的商业生态系统中，只利用自身资源的企业失去了成为市场主导的绝对优势。在互联网技术的推动下，能快速接受和消化外部资源与信息的新兴企业依靠灵活的组织管理形式已经对成熟企业的市场地位造成了威胁。因此，不论是成熟企业还是新兴企业，只要共存于商业生态系统中都应该通过改革创新不断提高自身的调节能力。

运用系统动力学来对商业模式的企业绩效的影响进行仿真研究，构建商业模式对企业绩效影响的因果回路图和存量流量图，并进行仿真模拟，分别设置了以下三种情景：①提高企业创新管理能力 1.5 倍后，企业绩效得到显著提高；②提高企业资源整合能力 1.5 倍后，企业绩效提高效果微弱；③提高企业机会识别能力 1.5 倍，对企业绩效的提高具有关键作用。同时对三种情景模拟进行了对比分析，结果发现，对企业绩效提高最为显著的因素为机会识别能力，说明企业对外部环境的关注及识别能力在商业模式的实施过程中具有重要作用；企业的资源整合能力对企业绩效的提升作用最小，企业创新管理能力对企业绩效的提升作用处于两者之间。基于以上结论，以期为企业绩效的提高提供有效的政策建议，即企业在关注内部管理及产品创新的基础之上，更要善于关注外部环境信息，才能使得商业模式有效实施，从而提升企业绩效。

基于实证结果从商业模式构成本身、协调能力的作用等维度对商业模式提出策略建议。本书认为企业应当强化商业模式各要素联系，推动企业业务价值实现；增强稳定影响者匹配性，提升企业绩效；关注直接影响者，夯实竞争基础；认识协调能力对企业绩效的重要性，提升企业协调能力水平；识别外部环境信息，提升企业绩效。

8.2　进一步研究展望

本书虽然引用生态学理论从商业生态系统视角对商业模式的定义及分析框架进行了探索，并从实证角度研究了商业模式与企业绩效之间的关系，以及协调能力在其中的作用，得到了一些创新性的结论，但商业模式理论体系研究还处于探究阶段，学者各持己见，因此一些问题还值得深入探讨。同时本书由于样本及时间的限制，存在以下两个方面的不足：一是仍需完善不同阶段商业模式与企业绩效之间的关系进行对比分析，二是仍需完善不同类型企业（如生产商和服务商）中协调能力的不同作用。未来研究可以从以下三方面着手：一是扩大样本范围，从不同行业或者不同业态方面对企业的商业模式进行研究，从而更好地验证商业模式分析框架，同时也更好地分析商业模式影响企业绩效的机理和路径。二是商业模式对企业绩效的影响虽然得到验证，但商业模式对企业的影响应该不仅仅是体现在绩效方面，商业模式对企业其他方面的影响（如组织结构、企业文化等内部要素）也是一个值得探索的问题。三是本书主要采用结构方程、回归分析及系统动力学三种方法，分别对商业模式与企业绩效的关系、协调能力的作用及仿真进行了实证分析，在今后研究中，样本数据得以扩大，可以采用其他方法对这些问题进行探究，并对比分析协调能力在不同类型企业中对商业模式与企业绩效之间关系的影响。

参 考 文 献

边燕杰，丘海雄. 2000. 企业的社会资本及其功效 [J]. 中国社会科学，（2）：
 87-99.

蔡俊亚，党兴华. 2016. 外部学习对商业模式新颖性的影响：动态能力的调节 [J].
 运筹与管理，25（4）：265-272.

曹红军，赵剑波，王以华. 2009. 动态能力的维度：基于中国企业的实证研究 [J].
 科学学研究，27（1）：36-44.

程愚. 2004. 交易分析：企业活动研究的范式创新 [J]. 中国工业经济，（5）：
 97-104.

德鲁克 P. 2005. 现代管理宗师德鲁克文选（英文版）（珍藏版）[M]. 北京：机械
 工业出版社.

董保宝，葛宝山，王侃. 2011. 资源整合过程、动态能力与竞争优势：机理与路径 [J].
 管理世界，（3）：92-101.

杜国柱，舒华英. 2007. 企业商业生态系统理论研究现状及展望 [J]. 经济与管理研
 究，（7）：75-79.

范保群，王毅. 2006. 战略管理新趋势：基于商业生态系统的竞争战略 [J]. 商业经
 济与管理，（3）：3-10.

耿新，张体勤. 2010. 企业家社会资本对组织动态能力的影响——以组织宽裕为调
 节变量 [J]. 管理世界，（6）：109-121.

龚一萍. 2011. 企业动态能力的度量及评价指标体系 [J]. 华东经济管理，25（9）：
 150-154.

郭海，沈睿. 2012. 环境包容性与不确定性对企业商业模式创新的影响研究 [J]. 经
 济与管理研究，（10）：97-104.

郭海，王栋，薛佳奇. 2011. 企业管理者的社会关系：研究回顾与展望 [J]. 科学学
 与科学技术管理，32（7）：154-159.

郭京京，陈琦. 2014. 电子商务商业模式设计对企业绩效的影响机制研究[J]. 管理
　　工程学报，（3）：83-90.

郭宁. 2005. 通信产业生态系统研究[D]. 北京邮电大学博士学位论文.

郭晓岩. 2004. 移动生态体系发展规律探寻[J]. 当代通信，（9）：60-62.

韩福荣，徐艳梅. 2002. 企业仿生学[M]. 北京：企业管理出版社.

何耀琴. 2011. 商业模式与企业绩效：研究现状与发展[J]. 北京市经济管理干部
　　学院学报，26（4）：32-36.

胡保亮. 2012. 商业模式创新、技术创新与企业绩效关系：基于创业板上市企业的
　　实证研究[J]. 科技进步与对策，29（3）：95-100.

胡保亮. 2015. 商业模式、创新双元性与企业绩效的关系研究[J]. 科研管理，
　　36（11）：29-36.

胡海波，管永红，胡京波，等. 2017. 动态能力视角下共享经济的商业生态模式演
　　化研究——设客网研发设计众包案例[J]. 中国科技论坛，（8）：159-167.

胡楠，王小峰. 2013. 商业模式创新视角下企业动态能力发展研究——以互联网企
　　业为例[J]. 中外企业家，（12）：35.

简兆权，何紫薇，招丽珠. 2009. 基于动态能力的可持续竞争优势研究综述[J].
　　管理学报，6（6）：846-852.

焦豪，魏江，崔瑜. 2008. 企业动态能力构建路径分析：基于创业导向和组织学习
　　的视角[J]. 管理世界，（4）：91-106.

孔文. 2002. 移动通信生态系统的演化[J]. 世界电信，15（1）：25-29.

李怀政. 2000. 我国连锁超市商业生态系统的构建与创新[J]. 商业经济与管理，
　　（4）：15-18.

李庆华. 2007. 长三角地区经济一体化制度建设——基于政府间磋商机制的研究[J].
　　现代管理科学，（4）：31-33.

李巍，丁超. 2017. 商业模式创新驱动市场效能的机制研究——营销动态能力的调
　　节效应[J]. 商业经济与管理，1（4）：70-79.

李武英. 2017. 设计企业资本之路：谋定而后行 从上市公司数据分析预期今年工程
　　设计市场[J]. 建筑设计管理，（7）：13-15.

李晓明，杨洪焦，王元庆. 2013. 供应链整合与企业绩效间的关系研究——基于中
　　国制造企业的实证研究[J]. 当代经济科学，35（2）：52-60.

梁嘉骅，葛振忠，范建平. 2002. 企业生态与企业发展[J]. 管理科学学报，（2）：
　　34-40.

刘刚，刘静，程熙镕. 2017. 商业模式创新时机与强度对企业绩效的影响——基于
　　资源基础观的视角[J]. 北京交通大学学报（社会科学版），16（2）：66-75.

刘卫星. 2013. 商业模式对企业绩效影响的实证研究[D]. 大连理工大学博士学位

论文.

罗珉，刘永俊. 2009. 企业动态能力的理论架构与构成要素[J]. 中国工业经济，
　　（1）：75-86.

罗倩，李东，蔡玫. 2012. 商业模式对高新技术企业业绩的影响——对 Zott 模型的
　　改进研究[J]. 科研管理，33（7）：40-47.

穆尔 J F. 1999. 竞争的衰亡[M]. 梁骏，杨飞雪，李丽娜译. 北京：北京出版社.

潘军，黄昕. 2004. 一种新的视角：商业生态系统观[J]. 生态经济，（S1）：
　　172-175.

庞长伟，李垣，段光. 2015. 整合能力与企业绩效：商业模式创新的中介作用[J].
　　管理科学，（5）：31-41.

孙连才，王宗军. 2011. 基于动态能力理论的商业生态系统下企业商业模式指标评
　　价体系[J]. 管理世界，（5）：184-185.

孙晓静. 2008. 供应链管理实践对企业绩效影响的研究[D]. 大连理工大学硕士学位
　　论文.

孙永风，李垣. 2004. 企业绩效评价的理论综述及存在的问题分析[J]. 预测，23（2）：
　　41-47.

田秀华，聂清凯，夏健明，等. 2006. 商业生态系统视角下企业互动关系模型构建研
　　究[J]. 南方经济，（4）：50-57.

汪寿阳，敖敬宁，乔晗，等. 2015. 基于知识管理的商业模式冰山理论[J]. 管理评
　　论，27（6）：3-10.

王波，彭亚利. 2002. 再造商业模式[J]. IT 经理世界，（7）：88-89.

王春博，杜栋. 2015. 创业导向、商业模式与企业绩效研究框架设计[J]. 经济研究
　　导刊，（20）：18-21.

王娜. 2015. 价值网络视角下商业模式与企业绩效的关系研究：以服务业为例[J].
　　重庆工商大学学报（社会科学版），32（6）：38-45.

王伟毅，李乾文. 2005. 创业视角下的商业模式研究[J]. 外国经济与管理，27（11）：
　　32-40.

王翔，李东，后士香，等. 2015. 商业模式结构耦合对企业绩效的影响的实证研究[J].
　　科研管理，36（7）：96-104.

王翔，李东，张晓玲. 2010. 商业模式是企业间绩效差异的驱动因素吗？——基于
　　中国有色金属上市公司的 ANOVA 分析[J]. 南京社会科学，（5）：20-26.

王新伟，王振洪. 2004. 浙江民营企业人力资源现状及开发方式研究[J]. 绍兴文理
　　学院学报（自然科学版），（2）：82-85.

王旭. 2017. 商业模式类型与企业绩效关系研究[J]. 中国管理信息化，20（9）：
　　4-9.

王育民. 2004. 从电信价值链到产业生态系统[J]. 通信企业管理，（3）：28-30.

魏炜，朱武祥，林桂平. 2012. 基于利益相关者交易结构的商业模式理论[J]. 管理世界，28（12）：125-131.

翁君奕. 2004. 商务模式创新[M]. 北京：经济管理出版社.

夏训峰. 2003. 企业生态系统理论与典型模式研究——以肉类加工企业为例[D]. 中国农业大学博士学位论文.

谢德荪. 2012. 源创新：转型期的中国企业创新之道[M]. 北京：五洲传播出版社.

谢德荪. 2013. 中国公司如何建立源创新文化[J]. 商学院，（2）：88-89.

谢德荪. 2014. 以客户为中心的源创新战略思维[J]. 唯实（现代管理），（6）：11-12.

熊炜烨，张圣亮. 2004. 基于生态系统的我国宽带产业发展对策研究[J]. 管理评论，16（7）：34-37.

徐涌. 2001. 建立互联网经济的生态环境[J]. 世界电信，14（5）：20-23.

许亮，王若. 1998. 谈现代企业商业生态系统的建立[J]. 昆明理工大学学报（理工版），（4）：38-41.

扬西蒂 M，莱维恩 R. 2006. 共赢：商业生态系统对企业战略、创新和可持续性的影响[M]. 王凤彬，王保伦，等译. 北京：商务印书馆.

杨典. 2013. 公司治理与企业绩效——基于中国经验的社会学分析[J]. 中国社会科学，（1）：72-94.

杨希若. 2012. 基于商业模式创新的资源整合研究[D]. 东华大学硕士学位论文.

杨洋. 2010. 电信服务提供商的商业模式设计与企业绩效的实证研究[D]. 电子科技大学硕士学位论文.

杨一帆，王伟，敖敬宁，等. 2015. 制造业企业商业模式分析[J]. 科技促进发展，83（2）：167-176.

杨忠直. 2003. 企业生态学引论[M]. 北京：科学出版社.

姚小涛，张田，席酉民. 2008. 强关系与弱关系：企业成长的社会关系依赖研究[J]. 管理科学学报，11（1）：143-152.

曾萍，邓腾智，宋铁波. 2013. 社会资本、动态能力与企业创新关系的实证研究[J]. 科研管理，34（4）：50-59.

曾萍，李明璇，刘洋. 2016. 政府支持、企业动态能力与商业模式创新：传导机制与情境调节[J]. 研究与发展管理，28（4）：31-38.

曾萍，宋铁波. 2011. 政治关系真的抑制了企业创新吗？——基于组织学习与动态能力视角[J]. 科学研究，29（8）：1231-1239.

张晓军，席酉民，谢言，等. 2010. 基于和谐管理理论的企业动态能力研究[J]. 管理科学学报，13（4）：1-11.

张晓玲，李东，赵毅. 2012. 商业模式构成要素间的匹配性对企业绩效影响研究——以创业板及中小板企业为例[J]. 中大管理研究，7（2）：140-163.

张晓玲，蒲云峤，葛沪飞. 2017. 合作与创新：中小企业商业模式典型特性与其绩效间关系研究[J]. 科技管理研究，37（17）：233-238.

周飞，孙锐. 2016. 基于动态能力视角的跨界搜寻对商业模式创新的影响研究[J]. 管理学报，13（11）：1674-1680.

周湧，汪寿阳，何静，等. 2018. 商业模式对企业绩效的影响机理与实证研究——基于商业生态系统视角[J]. 数学的实践与认识，48（12）：119-128.

周湧，汪寿阳，马海涛，等. 2017. 基于商业生态系统的商业模式非对称交易结构理论[J]. 科技促进发展，13（1-2）：27-32.

朱凯霞. 2015. 动态能力与企业商业模式创新的关系研究[J]. 商，（5）：13.

Achtenhagen L，Melin L，Naldi L. 2013. Dynamics of business models – strategizing，critical capabilities and activities for sustained value creation[J]. Long Range Planning，46（6）：427-442.

Afuah A，Tucci C. 2001. Internet Business Models and Strategies：Text and Cases[M]. Boston：McGraw-Hill/Irwin.

Amit R，Zott C. 2001. Value creation in e-business[J]. Strategic Management Journal，22（6/7）：493-520.

Applegate L M. 2001. E-business models：making sense of the internet business landscape[J]. Information Technology and the Future Enterprise：New Models for Managers，97：116-119.

Arash G，Gil R，Alain W. 2011. A modeling framework for analyzing the viability of service systems[J]. International Journal of Service Science，Management，Engineering，and Technology，2（3）：51-64.

Armistead C，Mapes J. 1993. The impact of supply chain integration on operating performance[J]. Logistics Information Management，6（4）：9-14.

Aspara J，Hietanen J，Tikkanen H. 2010. Business model innovation vs replication：financial performance implications of strategic emphases[J]. Journal of Strategic Marketing，18（1）：39-56.

Backman C A，Verbeke A，Schulz R A. 2017. The drivers of corporate climate change strategies and public policy：a new resource-based view perspective[J]. Business & Society，46（1）：15-17.

Baden-Fuller C，Morgan M S. 2010. Business models as models[J]. Long Range Planning，43（2）：156-171.

Barney J. 1991. Firm resources and sustained competitive advantage[J]. Journal of

Management, 17（1）：99-120.

Bouchikhi H, Kimberly J. 2003. Escaping the identity trap[J]. MIT Sloan Management Review, 44（3）：20-26.

Brettel M, Strese S, Flatten T C. 2012. Improving the performance of business models with relationship marketing efforts—an entrepreneurial perspective[J]. European Management Journal, 30（2）：85-98.

Breznik L, Lahovnik M. 2016. Dynamic capabilities and competitive advantage: findings from case studies[J]. Management Journal of Contemporary Management Issues, （21）：167-186.

Brulhart F, Marais M, Gherra S. 2017. Proactive environmental strategy, natural competences, and economic performance: a resource-based view[J]. Academy of Management Annual Meeting Proceedings, （1）：11-46.

Brush C G, Chaganti R. 1999. Businesses without glamour? An analysis of resources on performance by size and age in small service and retail firms[J]. Journal of Business Venturing, 14（3）：233-257.

Campbell J M, Park J. 2017. Extending the resource-based view: effects of strategic orientation toward community on small business performance[J]. Journal of Retailing & Consumer Services, （34）：302-308.

Casadesus-Masanell R, Ricart J E. 2010. From strategy to business models and onto tactics[J]. Long Range Planning, 43（2）：195-215.

Chesbrough H. 2006. Open Business Models[M]. Boston: Harvard Business School Press.

Chesbrough H, Rosenbloom R S. 2002. The role of the business model in capturing value from innovation: evidence from xerox corporation's technology spin off companies[J]. Industrial and Corporate Change, 11（3）：529-555.

Christensen C. 1997. The Innovator's Dilemma[M]. New York: Harper Business.

Clark K B, Baldwin C Y. 1998. Modularity-in-design: an analysis based on the theory of real options[EB/OL]. Available at SSRN: https://ssrn.com/abstract= 6508.

Clark K B, Chew W B, Fujimoto T, et al. 1987. Product development in the world auto industry[J]. Brookings Papers on Economic Activity, （3）：729-781.

Clippinger J B. 1999. Order from the Bottom Up: The Biology of Business-Decoding the Natural Laws of Enterprise[M]. San Francisco: Jossey-Bass Publishers.

Cui M, Li W. 2017. Business ecosystem governance: literature reviewand prospect[J]. Technology Economics, 36（12）：53-62.

Daniel E M, Wilson H N. 2003. The Role of Dynamic Capabilities in E-Business Transformation[M]. London: Macmillan Press Ltd.

Danneels E. 2002. The dynamics of product innovation and firm competences[J]. Strategic Management Journal, 23（12）: 1095-1121.

Darnall N, Edwards D. 2006. Predicting the cost of environmental management system adoption: the role of capabilities, resources and ownership structure[J]. Strategic Management Journal, 27（4）: 301-320.

Day G S. 1994. The capabilities of market-driven organization[J]. Journal of Marketing, 58（4）: 37-52.

DeSarbo W, Benedetto C, Michael S, et al. 2005. Revisiting the miles and snow strategic framework: uncovering interrelationships between strategic types, capabilities, environmental uncertainty, and firm performance[J]. Strategic Management Journal, 26（1）: 47-74.

Drnevich P L, Kriauciunas A P. 2011. Clarifying the conditions and limits of the contributions of ordinary and dynamic capabilities to relative firm performance[J]. Strategic Management Journal, 32（3）: 254-279.

Dubosson M, Osterwalder A, Pigneur Y. 2002. E-Business model design, classification and measurements[J]. Thunderbird International Business Review, 44（1）: 5-23.

Dyer J, Hatch N. 2006. Relation-specific capabilities and barriers to knowledge transfers: creating advantage through network relationships[J]. Strategic Management Journal, 27（8）: 701-719.

Eisenhardt K M, Martin J A. 2015. Dynamic capabilities: what are they?[J]. Strategic Management Journal, 21（10-11）: 1105-1121.

Feldman S P, Sackmann S A. 1994. Cultural knowledge in organizations: exploring the collective mind[J]. Administrative Science Quarterly, 39（2）: 342.

Francois L. 2005. Bringing open source middleware to the mainstream by federating business ecosystems[Z]. ETSI'S Workshop on Open Source & Standards.

Fynes B, Voss C, de Búrca S. 2005. The impact of supply chain relationship quality on quality performance[J]. International Journal of Production Economics, 96（3）: 339-354.

Giesen E, Berman S J, Bell R, et al. 2007. Three ways to successfully innovate your business model[J]. Strategy & Leadership, 35（6）: 27-33.

Girod S J G, Whittington R. 2017. Reconfiguration, restructuring and firm performance: dynamic capabilities and environmental dynamism[J]. Strategic

Management Journal, 38（1）: 1121-1133.

Goodson J, Sigafoos J, O'Reilly M, et al. 2007. Evaluation of a video-based error correction procedure for teaching a domestic skill to individuals with developmental disabilities[J]. Research in Developmental Disabilities, 28（5）: 458-467.

Griffith D A, Harvey G. 2001. A resource perspective of firm's performance capabilities[J]. Journal of International Business Studies, 32（3）: 597-606.

Gu F F, Hung K, Tse D K. 2008. When does guanxi matter? Issues of capitalization and its dark sides[J]. Journal of Marketing, 72（4）: 12-28.

Hamel G, Trudel J D. 2001. Leading the revolution[J]. Journal of Product Innovation Management, 18（3）: 212-213.

Hawkins R. 2001. The business model as a research problem in electronic commerce[J]. SPRU-Science and Technology Policy Research, 15（3）: 158-162.

Helfat C. 1997. Know-how and asset complementarity and dynamic capability accumulation: the case of R&D[J]. Strategic Management Journal, 18（5）: 339-360.

Helfat C E, Martin J A. 2015. Dynamic managerial capabilities[J]. Journal of Management, 41（5）: 1281-1312.

Hsieh Y C, Lin K Y, Lu C, et al. 2017. Governing a sustainable business ecosystem in Taiwan's circular economy: the story of spring pool glass[J]. Sustainability, 9（6）: 1068.

Hu B. 2014. Linking business models with technological innovation performance through organizational learning[J]. European Management Journal, 32（4）: 587-595.

Iansiti M, Levien R. 2004. The Keystone Advantage: What the New Dynamics of Business Ecosystems Mean for Strategy, Innovation and Sustainability[M]. Boston: Harvard Business School Press.

Johnson M W, Christensen C M, Kagermann H. 2008. Reinventing your business model[J]. Harvard Business Review, 86（12）: 51-59.

Keister L A. 2009. Interfirm relations in China: group structure and firm performance in business groups[J]. American Behavioral Scientist, 52（12）: 1709-1730.

Kim H J. 2017. The complementary effects of transaction cost economics and resource-based view: a technological alliance perspective[J]. International Journal of Business Excellence, 13（3）: 355-376.

King D R, Slotegraaf R J, Kesner I. 2008. Performance implications of firm resource interactions in the acquisition of R&D-intensive firms[J]. Organization Science, 19（2）: 327-340.

King S W, Solomon G. 1995. The entrepreneur and the ventures life cycle stage: an integrative model exploring roles and relationships[Z]. Center for Family Enterprise.

Kline R B. 1989. Is the Fourth Edition Stanford-Binet a four-factor test? Confirmatory factor analyses of alternative models for ages 2 through 23[J]. Journey of Psychoeducational Assessment, 7（1）: 4-13.

KMLab Inc. 2000. The role of the business model in capturing value from innovation, evidence from Xerox Corporatim's technology spinoff companies[R]. Harvard Business School.

Lambert S C, Davidson R A. 2013. Applications of the business model in studies of enterprise success, innovation and classification: an analysis of empirical research from 1996 to 2010[J]. European Management Journal, 31（6）: 668-681.

Lane P J, Salk J E, Lyles M A. 2001. Absorptive capacity, learning, and performance in international joint ventures[J]. Strategic Management Journal, 22（12）: 1139-1161.

Leonard B D. 1992. Core capabilities and core rigidities: a paradox in managing new product development[J]. Strategic Management Journal, 13（S1）: 111-125.

Lewin R. 1999. Complexity: Life at the Edge of Chaos[M]. Chicago: the University of Chicago Press.

Lewin R, Parker T, Regine B. 1998. Complexity Theory and the Organization: Beyond the Metaphor[M]. Hoboken: John Wiley & Sons.

Li J J, Zhou K Z, Shao A T. 2009. Competitive position, managerial ties, and profitability of foreign organizations in China: an interactive perspective[J]. Journal of International Business Studies, 40（2）: 339-352.

Linder J, Cantrell S. 2000. Changing business models: surveying the landscape[R]. Accenture Institute for Strategic Change.

Liu Y, Li Y, Xue J. 2010. Transfer of market knowledge in a channel relationship: impacts of attitudinal commitment and satisfaction[J]. Industrial Marketing Management, 39（2）: 229-239.

Lu Y, Zhou L, Bruton G, et al. 2009. Capabilities as a mediator linking resources and the international performance of entrepreneurial firms in an emerging economy[J]. Journal of International Business Studies, 41（3）: 419-436.

Luo X, Chung C N. 2005. Keeping it all in the family: the role of particularistic relationships in business group performance during institutional transition[J]. Administrative Science Quarterly, 50（3）: 404-439.

Luo X, Griffith D A, Liu S S, et al. 2004. The effects of customer relationships and social capital on firm performance: a Chinese business illustration[J]. Journal of International Marketing, 12（4）: 25-45.

Magretta J. 2002. Why business models matter[J]. Harvard Business Review, 80（5）: 86-92.

Mahadevan B. 2000. Business models for internet-based e-commerce: an anatomy[J]. California Management Review, 42（4）: 55-56.

Makkonen H, Pohjola M, Olkkonen R, et al. 2014. Dynamic capabilities and firm performance in a financial crisis[J]. Journal of Business Research, 67（1）: 2707-2719.

Martini A, Gastaldi L, Corso M, et al. 2012. Continuously innovating the study of continuous innovation: from actionable knowledge to universal theory in continuous innovation research[J]. International Journal of Technology Management, 60（3-4）: 1-13.

Mikalef P, Pateli A. 2016. Developing and validating a measurement instrument of IT-enabled dynamic capabilities[C]. European Conference on Information Systems.

Mitchell D, Coles C. 2003. The ultimate competitive advantage of continuing business model innovation[J]. Journal of Business Strategy, 24（5）: 15-21.

Moliterno T, Wiersema M. 2007. Firm performance, rent appropriation, and the strategic resource divestment capability[J]. Strategic Management Journal, 28（11）: 1065-1087.

Morris M, Schindehutte M, Allen J. 2003. The entrepreneur's business model: toward a unified perspective[J]. Journal of Business Research, 58（1）: 726-735.

Moore J F. 1996. The Death of Competition: Leadership and Strategy in the Age of Business Ecosystems[M]. New York: Harper Business.

Moore J F. 2006. Business Ecosystems and the View from the Firm[M]. New York: the Antitrust Bulletin.

Najmaei A. 2011. Dynamic business model innovation: an analytical archetype[J]. International Proceedings of Economics Development & Research, 24（5）: 15-21.

Newbert S L. 2005. New firm formation: a dynamic capability perspective[J]. Journal of Small Business Management, 43（1）: 55-77.

O'Reilly C A, Tushman M L. 2008. Ambidexterity as a dynamic capability: resolving the innovator's dilemma[J]. Research in Organizational Behavior, 28: 185-206.

Osterwalder A, Pigneur Y. 2010. Business Model Generation: a Handbook for Visionaries, Game Changers, and Chaiiengers[M]. Hoboken: John Wilev & Sons.

Osterwalder A, Pigneur Y, Tucci C L. 2005. Clarifying business models: origins, present, and future of the concept [J]. Communications of AIS, （5）: 751-775.

Park S H, Luo Y. 2001. Guanxi and organizational dynamics: organizational networking in Chinese firms[J]. Strategic Management Journal, 22（5）: 455-477.

Patzelt H, Knyphausen-Aufse Z, Nikol P. 2008. Top management teams, business models, and performance of biotechnology ventures: an upper echelon perspective[J]. British Journal of Management, 19（3）: 205-221.

Pavlou P A, Sawy O A. 2011. Understanding the elusive black box of dynamic capabilities[J]. Decision Sciences, 42（1）: 239-273.

Peltoniemi M. 2004. Cluster, value network and business ecosystem: knowledge and innovation approach[R]. Paper Presented at Organisations, Innovation and Complexity: New Perspectives on the Knowledge Economy Conference, 20（5）: 425-427.

Peltoniemi M, Vuori E. 2005. Business ecosystem as a tool for the conceptualisation of the external diversity of an organization[R]. Proceedings of the Complexity, Science and Society Conference, Liverpool, Great Britain.

Peng M W, Luo Y. 2000. Managerial ties and firm performance in a transition economy: the nature of a micro-macro link[J]. Academy of Management Journal, 43（3）: 486-501.

Perfetto M C, Presenza A. 2016. The business ecosystem approach applied to the industrial heritage management[R]. Enlightening Tourism: A Pathmaking Journal.

Pohle G, Chapman M. 2006. IBM's Global CEO Report 2006: business model innovation matters[J]. Strategy & Leadership, 34（5）: 34-40.

Power T, Jerjlan G. 2001. Ecosystem: Living the 12 Principles of Networked

Business[M]. San Francisco: Pearson Education Ltd.

Protogerou A, Caloghirou Y, Lioukas S. 2012. Dynamic capabilities and their indirect impact on firm performance[J]. Industrial and Corporate Change, 21（3）: 615-647.

Rappa M. 2010. Business models on the web[J]. Social Science Electronic Publishing, 21（3）: 540-542.

Schilke O. 2014. On the contingent value of dynamic capabilities for competitive advantage: the nonlinear moderating effect of environmental dynamism[J]. Strategic Management Journal, 35（2）: 179-203.

Schlegelmilch B B, Diamantopoulos A, Kreuz P. 2003. Strategic innovation: the construct, its drivers and its strategic outcomes[J]. Journal of Strategic Marketing, 11（2）: 117-132.

Schreyögg G, Kliesch-Eberl M. 2010. How dynamic can organizational capabilities be? Towards a dual-process model of capability dynamization[J]. Strategic Management Journal, 28（9）: 913-933.

Selltiz C, Edrich H, Cook S W. 1965. Ratings of favorableness of statements about a social group as an indicator of attitude toward the group[J]. Journal of Personality and Social Psychology, 12（3）: 408.

Sheehan N T, Stabell C B. 2013. Discovering new business models for knowledge intensive organizations[J]. Strategy & Leadership, 35（2）: 22-29.

Stewart D W, Zhao Q. 2000. Internet marketing, business models, and public policy[J]. Journal of Public Policy & Marketing, 19（3）: 287-296.

Stewart G. 1994. EVA: fact and fantasy[J]. Journal of Applied Corporate Finance, 7（2）: 71-84.

Teece D J. 2007. Explicating dynamic capabilities: the nature and microfoundations of（sustainable）enterprise performance[J]. Strategic Management Journal, 28（13）: 1319-1350.

Teece D J. 2009. Business models, business strategy and innovation[J]. Long Range Planning, 43（2）: 172-194.

Teece D J. 2012. Dynamic capabilities: routines versus entrepreneurial action[J]. Journal of Management Studies, 49（8）: 1395-1401.

Teece D J. 2016. Business Ecosystem[M]. London: the Palgrave Encyclopedia of Strategic Management.

Teece D J. 2017. Business models and dynamic capabilities[J]. Long Range Planning, 51（1）: 40-49.

Teece D J, Leih S. 2016. Uncertainty, innovation, and dynamic capabilities: an introduction[J]. California Management Review, 58（4）: 5-12.

Teece D J, Pisano G. 2004. The dynamic capabilities of firms[J]. Industrial and Corporate Change, （2）: 195-213.

Teece D J, Pisano G, Shuen A. 1997. Dynamic capabilities and strategic management[J]. Strategic Management Journal, 18（7）: 509-533.

Thomas H, Wang Z Q. 2005. Interpreting the internal ratings-based capital requirements in Basel II [J]. Banking Regulation, 6（3）: 274-289.

Timmers P. 1998. Business models for eletronic markets [J]. Electronic Markets, 8（2）: 3-8.

Tse E. 2004. Grabber-holder dynamics and network effects in technology innovation[J]. Journal of Economic Dynamics & Control, 26（9）: 1721-1738.

Wang C L, Ahmed P K. 2007. Dynamic capabilities: a review and research agenda[J]. International Journal of Management Reviews, 9（1）: 31-51.

Wang S Y. 2004. A new methodology for studying complex systems[R]. The International Workshop on Complexity Science, Tsukuba, Japan.

Weill P, Malone T W, Victoria T. 2004. Do some business models perform better than others? A study of the 1 000 largest US firms[R]. MIT Center for Coordination Science Working Paper, No.226.

Weill P, Vitale M R. 2001. Place to Space: Migrating to E-Business Models[M]. Boston: Harvard Business School Press.

Wernerfelt B. 1984. A resource-based view of the firm[J]. Strategic Management Journal, 5（2）: 171-180.

Wheeler B C. 2002. NEBIC: a dynamic capabilities theory for assessing net-enablement[J]. Information Systems Research, 13（2）: 125-146.

Wiklund J, Shepherd D. 2003. Knowledge-based resources, entrepreneurial orientation, and the performance of small and medium-sized businesses[J]. Strategic Management Journal, 24（13）: 1307-1314.

Wiklund J, Shepherd D. 2005. Entrepreneurial orientation and small business performance: a configurational approach[J]. Journal of Business Venturing, 20（1）: 71-91.

Winter S G. 2003. Understanding dynamic capabilities[J]. Strategic Management Journal, 24（10）: 991-995.

Wu L Y. 2010. Applicability of the resource-based and dynamic-capability views under environmental volatility[J]. Journal of Business Research, 63（1）:

27-31.

Xin K K, Pearce J L. 1996. Guanxi: connections as substitutes for formal institutional support[J]. Academy of Management Journal, 39（6）: 1641-1658.

Zott C, Amit R. 2002. Measuring the Performance Implications of Business Model Design: Evidence from Emerging Growth Public Firms[M]. Fontainebleau: Insead.

Zott C, Amit R. 2007. Business model design and the performance of entrepreneurial firms[J]. Organization Science, 18（2）: 181-199.

Zott C, Amit R. 2008. The fit between product market strategy and business model: implications for firm performance[J]. Strategic Management Journal, 29（1）: 1-26.

Zott C, Amit R, Massa L. 2011. The business model: recent development and future research[J]. Journal of Management, 37（4）: 1019-1042.

附　　录

附录1　基于商业生态系统的企业商业模式研究
调查问卷

尊敬的领导：

您好！

非常感谢您在百忙之中抽出时间填写此问卷，使得本书能够顺利进行，对此致上万分谢意！这是一份学术性的问卷，目的在于研究商业生态系统下企业商业模式对企业绩效的影响，您的宝贵意见有助于我们在此课题上的精确研究。您的回答没有正确与错误之分，请您在调查中尽量反馈真实的想法。本问卷的数据仅用于学术研究，严格保密，保证不在任何情况下以直接或间接方式提到您本人，请您放心填写。

非常感谢您的支持与合作！

一、基本信息

1. 贵公司成立年数：

□2 年及以下　　　　　　　　□3~5 年

□6~10 年　　　　　　　　　□11~15 年

□16 年及以上

2. 贵公司的员工总数：

□100 人及以下　　　　　　　□101~300 人

□301~500 人　　　　　　　　□501~1 000 人

□1 000 人以上

3. 贵公司的企业性质：

□国有企业　　　　　　　　　□民营企业

□中外合资企业　　　　　　　□外资企业

□其他（请注明）_____

4. 贵公司属于：

□生产商　　　　　　　　　　□销售商

□服务商　　　　　　　　　　□其他

5. 贵公司属于的业态：

□农业　　　　　　　　　　　□餐饮业

□日常消耗品　　　　　　　　□服务业

□娱乐业　　　　　　　　　　□教育咨询业

□IT 信息业　　　　　　　　□房地产业

□服装业　　　　　　　　　　□交通业

□其他（请注明）_____

6. 贵公司的主营产品（请注明）：_____

7. 该公司目前所处发展阶段：

□发行和生存阶段　　　　　　□成长或快速发展阶段

□成熟和稳定阶段　　　　　　□衰退阶段

8. 贵公司提供的产品满足顾客需求层次：

□生理需求　　　　　　　　　□安全需求

□社交需求　　　　　　　　　□尊重需求

□自我实现需求

9. 贵公司业务流程中最集中的社会资源：

□人流　　　　　　　　　　　□物流

□金融流　　　　　　　　　　□信息流

□其他（请注明）_____

10. 贵公司实现商业模式整合的资源：

□客户资源　　　　　　　　　□市场资源

□技术与研发资源　　　　　　□营销资源

□人才资源　　　　　　　　　□资金资源

□供应链资源　　　　　　　　□行业内资源

□跨行业资源　　　　　　　　□政府资源

□信息资源（大数据）　　　　□其他（请注明）＿＿＿＿

11. 您认为企业的商业模式应该：

□基于企业　　　　　　　　　□基于企业具体业务

□其他

二、基于商业生态系统的企业商业模式核心要素识别

下列题项描述了商业模式的构成要素，请您根据自己对所在企业的了解，判断题项说明是否与企业实际一致，并根据符合情况来进行选择（其中 1 表示完全不符合，2 表示不符合，3 表示一般，4 表示符合，5 表示完全符合）。

要素	题项	1	2	3	4	5
稳定影响者	政府出台的法律法规会影响企业商业模式					
	经济发展周期会影响企业商业模式					
	行业规范会影响企业商业模式					
	技术环境会影响企业商业模式					
中间影响者	企业为很多客户提供产品或者原材料					
	企业客户遍布海内外					
	企业与客户保持经常联系					
	企业与客户互帮互助、共同解决问题					
	企业的原材料供应来源广泛					
	企业的供应商遍布海内外					
	企业与供应商有长期合作基础					
	企业与供应商互帮互助、共同解决问题					
	企业与竞争对手有业务往来					
	企业的竞争对手遍布海内外					

续表

要素	题项	1	2	3	4	5
中间影响者	通过合作，企业与竞争对手建立起稳固的关系					
	企业与竞争对手互帮互助、共同解决问题					
	企业与投资者对手有业务往来					
	企业的投资者遍布海内外					
	通过合作，企业与投资者建立起稳固的关系					
	企业与投资者互帮互助、共同解决问题					
直接影响者	企业为客户提供优质产品，价格合理					
	企业提供的产品替代品数量少					
	企业提供的产品能与时俱进					
	企业不断推出新产品/服务					
	企业能整合多方资源					
	企业组织流程规范化					
	企业内部流程专业化					
	企业内部门之间合作密切					
直接驱动者	业务实现顾客价值					
	业务实现企业价值					
	业务实现企业愿景					

三、企业绩效部分

下列题项描述了企业绩效的不同方面，请您根据自己对所在企业的了解，判断题项说明是否与企业实际一致，并根据符合情况来进行选择（其中 1 表示完全不符合，2 表示不符合，3 表示一般，4 表示符合，5 表示完全符合）。

要素	题项	1	2	3	4	5
企业绩效	与同行相比，企业投资回报增加					
	与同行相比，企业利润率较高					
	企业市场份额增长较快					

续表

要素	题项	1	2	3	4	5
企业绩效	与同行相比，企业市场居于领先地位					
	与同行相比，企业服务质量较高					
	企业销售网络覆盖率较高					
	企业员工满意度综合指数较高					
	企业净利润增长率较高					
	企业品牌建设效率较高					

四、协调能力部分

下列题项描述了协调能力的不同方面，请您根据自己对所在企业的了解，判断题项说明是否与企业实际一致，并根据符合情况来进行选择（其中 1 表示完全不符合，2 表示不符合，3 表示一般，4 表示符合，5 表示完全符合）。

要素		题项	1	2	3	4	5
协调能力	机会识别	了解市场及行业发展趋势					
		了解客户及潜在客户需求					
		了解竞争者状态					
		跟踪科学和技术发展的最新状况					
	资源整合	企业内各种资源交流与共享					
		有各种获得外部资源的渠道					
		能够灵活调整企业内外组织建立协作关系					
	组织管理	引进和学习新技术					
		重视员工的学习与培训					
		建立激励创新的机制					
		企业实行柔性管理和弹性管理					
	改革创新	对现有的产品和服务进行再设计					
		对现有的工作流程和制度进行再设计					
		调整企业内外关系网络和网络沟通方式					

附录2　系统动力学模型说明

系统动力学模型部分方程说明：

FINAL TIME = 2020

　　Units: Year

　　The final time for the simulation.

INITIAL TIME = 2010

　　Units: Year

　　The initial time for the simulation.

TIME STEP = 1

　　Units: Year

　　The time step for the simulation.

产品创新=WITHLOOKUP（技术创新，（[（0，0）-（0.8，0.5）]，（0.007 339 45，0.016 917 3），（0.046 483 2，0.022 556 4），（0.083 180 4，0.013 157 9），（0.151 682，0.015 037 6），（0.181 04，0.026 315 8），（0.212 844，0.035 714 3），（0.251 988，0.041 353 4），（0.313 15，0.045 112 8），（0.357 187，0.048 872 2），（0.393 884，0.050 751 9），（0.457 492，0.054 511 3），（0.484 404，0.067 669 2），（0.496 636，0.073 308 3），（0.545 566，0.075 188），（0.579 817，0.086 466 2），（0.589 602，0.093 985），（0.628 746，0.109 023），（0.660 55，0.131 579），（0.709 48，0.157 895），（0.746 177，0.165 414），（0.773 089，0.191 729），（0.782 875，0.212 406），（0.797 554，0.242 481）））

协调能力=INTEG（+协调能力增加-协调能力减弱，2.5）

协调能力减弱=0.2×竞争者

协调能力增加=0.2×产品和服务+0.4×工作流程和制度

企业绩效=INTEG（+企业绩效增加-企业绩效减少，2.5）

企业绩效增加=0.1×供应商专业能力+0.2×利润率+0.1×品牌建设+

0.2×市场份额+0.2×投资回报+0.1×服务质量+0.1×销售网络覆盖率

供应商专业能力=供应商合作关系×0.2

供应商合作关系=协调能力×0.2+企业管理能力×0.01

员工满意度=企业绩效×0.15+员工培训×0.2+激励创新机制×0.2

品牌建设=企业管理能力×0.2

客户满意度=WITHLOOKUP（服务质量，（[（0，0）-（0.8，0.5）]，（0.012 232 4，0.018 797），（0.056 269 1，0.041 353 4），（0.061 162 1，0.080 827 1），（0.066 055，0.090 225 6），（0.088 073 4，0.101 504），（0.119 878，0.122 18），（0.151 682，0.167 293），（0.176 147，0.187 97），（0.207 951，0.210 526），（0.237 309，0.244 361），（0.261 774，0.261 278），（0.313 15，0.280 075），（0.322 936，0.302 632），（0.342 508，0.312 03），（0.428 135，0.327 068），（0.459 939，0.336 466），（0.538 226，0.351 504），（0.584 709，0.377 82），（0.609 174，0.396 617），（0.650 765，0.415 414），（0.694 801，0.424 812），（0.751 07，0.432 331）））

客户资源=业务水平×0.1+客户满意度×0.2+潜在客户需求×0.2

市场份额=客户资源×0.2+市场投入×0.1

市场投入=政策支持×0.1

技术创新=企业绩效×0.01+引进和学习新技术×0.5+激励创新机制×0.15

政策支持=IF THEN ELSE（Time<2015，0.5，0.5）

服务质量=产品创新×0.6+员工满意度×0.8

潜在客户需求=服务质量×0.2-竞争者×0.06